You hold in your hands a
Great Secret...

_______________ 님께 드립니다.

청소년을 위한

시크릿

청소년을 위한 시크릿

박 은 몽 지음

살림Friends

학업에 대한 과도한 부담 때문에 꿈을 잊고 사는 청소년이 많습니다. 꿈과 희망이 가슴속에 없다면 가슴 벅찬 미래는 절대 만들 수 없습니다. 평생 여러분의 가슴을 설레게 할 꿈을 찾으세요. 『청소년을 위한 시크릿』은 여러분을 꿈을 찾는 길로 안내할 것으로 확신합니다.

_ 강헌구, 『아들아 머뭇거리기에는 인생이 너무 짧다』 저자

나 자신을 뜨겁게 만들 수 없다면 다른 어느 누구도 감동하지 않습니다. 『청소년을 위한 시크릿』은 나에게 진정한 열정이 무엇인지 깨닫게 해 주었습니다.

_ 김민선, 자신을 감동시키는 연기를 하고 싶은 배우

시련이 닥치더라도 포기하지 마세요. 시련이 던져 주는 메시지가 있습니다. 『청소년을 위한 시크릿』은 시련과 장애에 당당히 맞서는 용기를 불어 넣어 줍니다. 실패와 좌절 속에서 희망을 원한다면 이 책을 펼치세요.

_ 이희아, 네 손가락으로 세상에서 가장 아름다운 음악을 연주하는 피아니스트

평생 사랑할 그 무언가를 찾으세요. 나는 40대 초반에 인생의 역전을 꿈꾸며 태평소를 배웠습니다. 그 후로 태평소는 내가 사랑하는 '꿈'이 되었죠. 사랑, 그 안에서 나를 일으키게 하는 힘이 『청소년을 위한 시크릿』 속에 있습니다.

_ 장사익, 우리 시대의 소리꾼

자신의 꿈을 설명할 수 있는 사람은 많지 않습니다. 도화지를 꺼내 여러분의 꿈을 명확하게 적어 보세요. 꿈은 막연한 동경이 아닌 구체적 목표로 삼을 때 현실이 됩니다. 『청소년을 위한 시크릿』 덕분에 저는 또 다른 꿈을 적을 수 있었습니다.

_ 전현무, 무대 위에서 꿈을 꾸는 아나운서

내 꿈의 해피엔딩을 믿어라!

무언가를 꿈꿔 본 적이 있나요? 그 꿈을 다른 사람에게 이야기해 본 적은요? 이런 얘기를 들어 본 적은 없나요?

"너는 꿈을 이룰 만한 재주가 없잖아."

"된다는 보장이 없어. 너무 무모한 도전이야."

이런 부정적인 이야기를 듣고 나면 "도전해 볼까? 과연 내가 성공할 수 있을까?"라는 생각을 하게 됩니다. 만약 이때 용기를 북돋워 주고 희망을 주는 말을 들을 수 있다면 어떨까요?

"아니야, 넌 할 수 있어. 다른 사람과 비교할 필요 없이 넌 너만의 산을 정복하면 돼."

　어떤 분야에서든 성공한 사람들은 자신이 오를 산을 스스로 발견하고, 꿈을 향해 뛰어든 사람들이었습니다.

　이 책은 자신의 장래와 진로, 꿈에 대해 고민하는 수많은 청소년들을 위한 책입니다. 자신이 원하고 끌어당긴 대로 미래가 이뤄진다는 강한 메시지를 전달하여 세계적으로 커다란 반향을 불러 일으킨 베스트셀러 『시크릿』의 메시지를, 청소년들이 쉽게 이해할 수 있도록 세계적인 인물들의 꿈과 도전의 이야기로 구성하였습니다.

　세계적인 동화작가 안데르센은 젊은 시절 실패를 거듭했습니다. 그는 동화작가라는 꿈을 발견하고 나서야 세상에 자신의 존재를 드러낼 수 있었지요. 미국의 디즈니랜드를 건설한 월트 디즈니는 젊은 시절 거듭되는 사업 실패로 무일푼이 되었지만 포기하지 않았습니다. 그는 미키 마우스란 캐릭터를 개발하여 자신의 인생을 역전시켰습니다. 할리우드의 르네 젤위거가 주연한 「미스 포터」라는 영화를 알고 있나요? 이 영화의 실제 인물인 비어트릭스 포터는 여자가 직업조차 갖지 못하던 시대에 그림에 대한 자신의 꿈을 포기하지 않고 마침내 피터 래빗이라는 캐릭터를 창조해 냈습니다. 피터 래빗은 19세기에 만들어졌지만 지금까지도 전 세계 많은 사람들의 사랑을 받고 있지요.

여러분의 꿈은 무엇인가요? 어디에 있나요? 꿈을 찾아가는 여정은 홀로 외롭게 떠나는 여행과 같습니다. 별처럼 빛나는 사람들의 이야기가 꿈을 향해 떠나는 여러분의 여행의 길잡이가 되어 줄 것 입니다.

이 책에서 다루고 있는 인물들의 공통점은 자신의 분명한 꿈을 찾아냈고, 아무리 어려운 일이 닥쳐도 그 꿈을 포기하지 않고 노력했다는 것입니다.

여러분만을 위해 준비된, 여러분이 올라야 하는 산을 발견하십시오. 그리고 의심하지 말고 첫 발을 떼십시오. 도중에 자갈길이 나타나든 비바람이 불어오든 정상에 도달할 수 있다는 믿음을 의심하지 마십시오. 그 산은 여러분만을 위해 준비된 것이랍니다. 다른 누가 아니라 오직 여러분만이 오를 수 있고, 여러분이 올랐을 때에만 가장 빛을 발할 수 있습니다.

이것이 바로 꿈을 이루는 여러분만의 '시크릿'입니다.

가슴을 설레게 하는 꿈이 있습니까? 그런 꿈을 발견한다는 것만으로도 기적처럼 멋진 일입니다. 그것은 태어날 때부터 나의 유전자에 새겨진 약속입니다. 그 약속을 잊지 마십시오.

청소년들의 가슴에 꿈과 희망을 심어 줄 수 있는 책을 집필하는 기회를 얻은 데 신께 감사드립니다. 좋은 책이 나올 수 있게끔 오랜 시간 힘써 주신 오유진 편집자께도 감사의 말을 전합니다. 그리고 집필에 도움이 되도록 자신들의 이야기를 솔직하게 들려 준 광일, 민우, 수창, 승용, 승환, 영태, 재윤, 한석, 현곤 군 등에게 고마운 마음을 전합니다. 부디 이 책을 읽는 이들에게 '나만의 시크릿'을 발견하는 멋진 기적이 일어날 수 있기를 기대합니다!

박은몽

Contents

serendip

꿈의 비밀

꿈이란 평생토록 사랑할 그 무엇
꿈이 있는 사람은 특별해진다
가슴속에 숨어 있는 열망을 끄집어내라
꿈에 행동하는 열정을 더하라

꿈이란
평생토록 사랑할 그 무엇

"꿈을 가진다는 것은 평생에 걸쳐 어떤 역경을 만나도

중간에 포기하지 않고 사랑할 수 있는 일을 찾는 것입니다.

하고 싶은 일이 있다면 그 일을 끝까지 사랑하십시오.

자신이 선택한 길을 마지막까지 사랑하는 사람만이 꿈을 이룰 수 있습니다."

♥ 나는 정말 그 일을 사랑하는가?

"그런 목소리로는 좋은 가수가 될 수 없어. 아쉽지만 노래에 대한 꿈을 접고, 다른 일을 찾아보는 게 좋겠다."

음악가를 꿈꾸는 한 소년이 음악 선생님을 찾아가 노래를 들려주자 선생님이 건넨 말입니다.

선생님으로서는 소년의 재능을 정확하게 파악해 말해 주어야 한다고 생각한 것이지요. 제자에게 숨겨진 재능이 있다면 일깨워 주고, 미래에 대한 엉뚱한 기대나 환상이 있다면 냉정하게 말해 주어야 한다고 말이에요. 그래서 선생님은 고개를 좌우로 흔들면서 소년의 목소리가 가수가 되기에 적합하지 않다고 말한 것입니다.

소년은 가슴이 무너지는 것 같았어요. 지금껏 아무에게도 노래를 들려주지 않고 가슴속에만 가수가 되고 싶다는 열정을 품어 왔다가 겨우 용기를 낸 거였거든요.

이럴 때 여러분이라면 어떻게 하겠어요? 잔뜩 기대에 부푼 꿈에 대해 전문가가 극히 부정적인 판단을 내린다면 대부분은 그 일 자체를 다시 생각해 봅니다. 사업가들도 어떤 사업을 구상할 때 전문가들을 찾아가 의견을 듣고 그 의견을 참고해서 결정을 내립니다. 때로는 사업상 매우 중요한 결정도 이런 충고에 따라 완전히 바꾸기도 합니다.

그러나 이 꿈이 정말 깊이 사랑하는 일이나 사람에 대한 것이라면 어떨까요?

자신이 믿고 기대하던 바를 포기하지 않고 끝까지 밀어붙여 큰 성공을 거둔 사람을 우리는 많이 찾아볼 수 있습니다. 그런 사람들은 주변에서 아무리 말리고 충고해도 굴하지 않았지요. 그들은 충고에 따라 그만두려 해도 도저히 그럴 수가 없었다고 말해요. 왜냐고요? 그 일을 마음속 깊이 사랑했기 때문입니다.

소년 역시 그러했습니다.

처음 찾아가 목소리를 선보인 선생님이 긍정적인 평가를 내려 주었다면 얼마나 기뻤겠어요. 그러나 자신의 꿈에 대해 부정적인 평가를 들었다 해도 소년의 마음을 돌릴 수는 없었습니다. 소년은 노래를 사랑하고 있었으니까요.

소년은 오히려 선생님의 말을 계기로 더욱 열심히 하려고 노력했습니다. 전문적인 교육을 받을 형편은 아니었지만 혼자서라도 열심히 노래하고 또 노래했습니다. 마음을 다해 노래를 부르면 그 노래가 하늘에라도 닿아 도움의 손길이 내려오기를 바라는 사람처럼 말이죠.

그 목소리는 바로 전 세계가 사랑하는 테너 가수 엔리코 카루소의 목소리였습니다.

카루소는 이탈리아 나폴리의 가난한 집안에서 태어났습니다. 아버지는 기술자였고 가족 누구도 음악에 관심이 없었지요.

아버지는 카루소를 세상 누구보다 사랑했지만 아들의 꿈을 이해해 주지는 못했습니다.

"가수는 무슨 가수! 넌 아버지를 따라 기계공이나 돼. 공연히 허황된 꿈이나 따라가면 생활은 어떻게 할 거냐?"

가장 가까운 가족의 응원조차 얻지 못하는 꿈을 지키기란 참으로 어렵습니다. 아무도 인정해 주지 않아도 가족의 응원만으로도 커다란 힘이 되기 마련인데, 카루소는 그마저 얻지 못한 것입니다.

그러나 가난과 아버지의 반대라는 환경이 음악에 대한 소년의 꿈을 접게 만들 수는 없었습니다. 카루소는 아버지를 사랑하지만 노래도 사랑했습니다. 아버지가 반대한다고 해서 그 사랑을 접을 수는 없는 일이었습니다.

카루소는 음악 교육을 받기는커녕 돈을 벌기 위해 기계공으로 일해야 했습니다. 하지만 카루소는 가슴속에 꿈을 간직한 채 혼자서 노래를 부르고 또 불렀습니다. 그런 노력 가운데 그의 목소리는 더욱 아름답게 다듬어지고 듣는 이의 마음을 울릴 수 있는 깊이를 더해 갔습니다.

우리가 무슨 일을 하려 마음먹을 때면 부정적인 말을 해 주는 사람들이 참 많습니다. 그런 말을 하는 사람들은 자신의 말이 상대방의 꿈과 용기를 꺾을지 모른다는 생각은 미처 하지 못합니다. 여러분도 이런 말을 많이 들어 보았을 것입니다.

"그거 되게 어렵대."

"내가 아는 사람도 그런 일을 하다가 실패했어."

"그건 현실적인 가능성이 없는 일이야."

그러나 이런 말을 듣더라도 마음속으로 정말 그 일을 사랑하고 원한다면 쉽게 흔들리거나 상처받지 말아야 합니다. 대부분 깊이 생각해 보지도 않고 쉽게 던지는 말이니까요. 이러한 말은 꿈을 이루는 과정에서 어떤 난관을 만날지, 이 난관을 어떻게 극복할지 예상하는 용도로 활용하면 된답니다.

　만약 나의 꿈을 반대하고 부정적으로 바라보는 사람이 사랑하는 가족이라 해도 좌절할 필요는 없어요. 그들은 다만 나를 걱정해서 하는 말일 뿐입니다. 나의 자질이나 열정은 다른 사람이 아닌 바로 나 자신이 판단하고 결정할 일입니다. 주변 사람들과 다투거나 대립할 필요도 없습니다. 주변의 반응에 의지가 흔들린다면 꿈에 가까이 다가갈 수 없으니까요.

　꿈을 향해 열심히 나아가다 보면 언젠가 그들도 나의 꿈을 이해하고 오히려 적극적으로 지지해 줄 것입니다.

♥ 꿈이란 막연한 동경이 아니라 평생 할 일

꿈이란 무엇일까요?

누구나 자기가 좋아하는 일이 있습니다. 그러나 단순히 좋아하는 것과 꿈은 다릅니다.

"여행을 많이 다니고 싶어요."

"기타 치는 게 좋아요."

"운동할 때 제일 즐거워요."

이렇게 말하는 것은 꿈이 아닙니다. 그건 단순한 기호이자 취미입니다. 만약 정말 여행이 좋다면 여행과 관련된 일을 하겠다고 계획하십시오. 기타가 좋다면 그것과 관련된 일을 해야 행복합니다.

청춘의 특징은, "나는 꼭 이것을 하고 싶다. 나는 꼭 이렇게 되고 싶다."라는 씩씩한 목소리에 있다.

철학자 키르케고르의 말입니다. '나는 나중에 이것을 꼭 하고 싶다' 또는 '반드시 이런 사람이 되고 싶다' 는 갈망, 그것이 바로 꿈입니다. 단순한 취미나 기호가 아니라 전 인생에 걸쳐 지속적으로 하고 싶은 일 말입니다.

"나는 꼭 노래하는 가수가 되겠어. 나는 평생 노래를 부르

카루소에게는 이런 꿈이 있었습니다. 단순히 노래가 좋은 것이었다면 그토록 어려움에 맞서면서 노력하지 못했을 것입니다. 다른 직업을 갖고 취미로만 노래를 즐겼겠지요.

카루소에게 노래란 '평생토록 함께하고 꿈꾸고 사랑할 그 무엇'이었습니다. 그는 어떤 어려움 앞에서도 그 사랑을 포기할 수 없었습니다.

♥ 끝까지 사랑하라, 그래야 꿈을 이룰 수 있다

홀로 외롭게 노력하던 카루소는 드디어 자신의 재능을 알아봐 주는 사람을 만나게 됩니다. 나폴리 대성당의 소년성가대원으로 들어가 노래를 부르기 시작했는데, 그곳 선생님이 카루소에게 성악가가 될 소질이 있음을 알아보고 정식으로 수업을 받게 도와준 것입니다. 그 만남은 혼자서 노래를 불러 오던 카루소에게 중요한 계기가 됩니다.

드디어 카루소는 스물한 살이 되던 1894년, 나폴리의 극장에서 「라미코 프란체스코」라는 오페라 공연 무대에 서게 됩니다. 카루소는 그 무대를 통해 지휘자 빈센초 롬바르디에게 발탁되어 체계적인 오페라 수업을 받을 수 있었습니다.

조금씩 가수로 명성을 쌓아 가던 카루소는 20세기에 들어서면서 전성기를 맞이합니다. 카루소는 스페인, 독일, 오스트리아, 프랑스 등 유럽 각국의 무대에서 찬사를 받았고, 그의 이름은 대서양을 건너 미국에까지 알려졌습니다. 그 결과 1902년에 뉴욕 메트로폴리탄 오페라하우스 무대에 서게 되었고, 연이어 계약을 갱신하며 사망할 때까지 607회라는 공연 기록을 세움으로써 '카루소의 신화'를 창조했습니다.

이러한 그의 음악 인생은 지금까지도 수많은 음악 후배에게 희망을 주고 있습니다. 한때는 아무도 알아주지 않던 재능, 한때는 누구도 지지해 주지 않던 꿈을 품은 가난한 기계공 소년이 세계인의 가슴을 뒤흔드는 천상의 목소리로 인정받은 것입니다.

만약 카루소가 자신의 꿈은 실현되기 힘들겠다는 생각에 쉽게 포기했다면 카루소의 신화는 지금 이 세상에 없을 것입니다.

어떤 일을 하기로 마음먹었다면 좀 더 뜨겁게 그 일을 사랑하십시오. 더 나아가 그 일을 끝까지 포기하지 말아야 합니다. 사람과 사람 사이에서도 서로 만나 사랑하다가 쉽게 인연을 접거나 포기하는 사람이 있는 반면, 어려운 일을 만나도 함께 해결하며 사랑으로 극복하는 사람이 있습니다. 어떤 것이 더욱 진실한 사랑일까요? 또 어떻게 사랑해야 마침내 사랑을 이룰 수 있을까요?

진심을 다해 끝까지 사랑한다면 현실적으로 불가능해 보이던 꿈도 점차 이룰 수 있는 길이 열리고 기회가 찾아오게 됩니다.

보잘것없고 아무도 알아주지 않던 기계공이 노래를 사랑하는 마음 하나로 수많은 사람들의 가슴을 울린 전설적인 가수로 남을 수 있었듯이 말입니다.

꿈이란 막연한 기대, 바람, 동경이 아닙니다. 꿈은 내가 꼭 이루고 싶은 일, 평생토록 하거나 되고 싶은 일, 평생 사랑할 그 무엇입니다. 자신이 평생토록 사랑할 일을 찾는다면 누구보다 멋진 인생을 만들어 갈 수 있습니다.

꿈이 있는 사람은 특별해진다

"남들이 보기엔 보잘것없는 사람도 꿈을 가지면 달라집니다.

꿈은 잠자던 나의 마음을 깨워서 움직이게 하고

이제까지와는 다른 나만의 진가를 발휘하도록 동기를 부여해 줍니다.

나를 빛나게 하는 그 꿈이야말로 살아가는 이유가 될 것입니다."

♥ 하찮은 사람도 꿈을 만나면 빛을 발한다

"아니, 전화도 제대로 못 받아?"

"서류 정리가 이게 뭐야?"

"전화 메모쯤은 정확히 해야지!"

한 여직원이 직장 상사에게 매일같이 이런 꾸중과 비난을 받는다면 그녀는 무능한 사람인 게 분명합니다. 아무리 대학 졸업장이 있다 한들 실무에 둔하고 자기 역할을 제대로 해내지 못한다면 분명 어딘가 문제가 있는 것입니다. 그것도 업무를 맡은 지 한참이 지나도 전혀 나아지지 않는다면 말입니다.

주변 사람들은 그를 실수만 저지르는 무능한 사람으로 보고, 그 사람도 다른 사람들에 비해 자기가 상대적으로 어딘가 부족하다는 생각에 절망할지도 모릅니다.

그런데 우리가 잘 아는 세계적인 베스트셀러 『해리 포터』 시리즈의 저자인 조앤 롤링이 바로 그런 사람이었습니다.

우리는 무능하고 약간 모자라 보이는 그녀를 상상조차 할 수 없습니다. 그녀는 자신의 작품만큼이나 특별하고 능력이 있어 보이니까요. 하지만 조앤 롤링은 한때 직장 생활에 제대로 적응하지 못한 채 헤매던 사람이었습니다.

조앤 롤링은 대학에서 불문학을 전공한 뒤 비서로 일하기 시작했지만 금세 관두고 맙니다. 그녀의 일은 상사의 일정을 체크하거나 전화를 받아 메모를 하는 등의 일이었지만 어느 것 하나 똑 부러지게 잘해 내지 못해 결국 해고를 당하고 맙니다. 나름대로 열심히 일했지만 객관적인 눈으로 볼 때는 무능력하고 실수 투성이인, 그래서 회사에는 도움이 되지 못할 인물로 판단받은 조앤 롤링.

누구에게나 일이 잘 풀리지 않는 때가 있습니다. 무엇을 하든 잘될 듯하다가도 결국은 틀어져 버리고, 아무리 기다려도 행운이 담긴 기회는 찾아오지 않습니다. 심지어는 기회가 왔다가도 손가락 사이로 빠져나가죠. 자신은 열심히 했지만 결과가 늘 부정적일 수도 있습니다.

그런 모습을 보며 주변 사람들은 대부분 이렇게 생각합니다.

"저 사람은 정말 제대로 하는 게 하나도 없어."

본인 또한 자책하며 비관적인 생각을 합니다.

"난 정말 모자란 사람인가 봐. 도대체 무슨 일을 해도 결과가 좋은 게 없어."

이렇게 남들이 보나 자기가 생각하나 하찮게 여겨지는 사람을 변화시키는 것이 있습니다. 바로 '꿈'입니다. 아무리 열심히 해도 이상할 정도로 성과가 없다면 자신을 빛나게 해 줄 꿈을 만나지 못했기 때문입니다.

꿈을 가진다는 것은 특별한 인생을 바라는 사람에게 목마른 물고기가 큰물을 만나는 것과 같습니다.

조앤 롤링 역시 자신의 꿈을 향해 나아가면서 비로소 자신만의 재능과 진가를 발휘합니다. 그것은 해리 포터 속의 마법보다도 놀랍고 신기하게 느껴질 정도입니다.

두 번 연속 회사에서 해고를 당한 롤링은 남들에게 아무것도 제대로 할 수 없을 것 같은 사람으로 보였습니다. 그 뒤 포르투갈에서 잠깐 영어 교사로 일하다가 방송국 기자를 만나 결혼까지 했지만 직장에서 그랬듯 결혼 생활 역시 실패하고 맙니다. 그녀는 직장이든 가정이든 현실적인 일에서는 부품 하나가 모자란 사람처럼 서투르기만 했지요.

결국 롤링은 변변한 직장도 없이 생후 4개월 된 딸을 데리고 이혼했습니다. 에든버러의 초라한 단칸방에서 그녀는 이혼녀로서 살아가기 시작했습니다. 아무것도 가진 것이 없었죠. 당장 먹고살아 갈 일조차 막막한 형편이었습니다.

그녀는 그 막다른 골목에서 글을 쓰기 시작했습니다. 드디어 자신의 꿈을 펼치기 시작한 것입니다. 글을 쓰고자 하는 소망은 어린 시절부터 이미 싹트고 있었습니다. 그러나 그 꿈과 마주 보기까지 그녀는 많은 세월을 돌아와야 했습니다. 많은 것을 흘려보내고 잃어버린 인생의 절망 한가운데에 서서야 진정으로 자신의 꿈을 만난 것이지요.

해리 포터의 이야기는 그녀가 직장에서 해고당하고 이혼을 하기 전부터 이미 구상되고 있었습니다. 어느 날 퇴근길에 타고 가던 기차가 잠시 멈춘 사이, 롤링은 우연처럼 멋진 이야기를 상상합니다.

"그저 기차 안에 앉아 초원에서 풀을 뜯는 소 몇 마리를 멍청히 바라보고 있었어요. 그런데 제 마음속에 해리에 관한 아이디어가 번뜩 떠올랐죠. 왜 그런 생각이 났는지는 알 수 없지만 내 마음속에 해리와 그가 다니는 마법 학교가 선명하게 보인 것만은 확실해요. 자신이 마법사라는 사실을 모르는 소년에 대한 발상은 그렇게 갑자기 떠올랐답니다."

그녀는 '갑자기'라고 표현했지만 사실 그 이야기의 씨앗은 오래전부터 그녀의 내면에 뿌리를 내리고 있었습니다.

조앤 롤링은 1965년 영국 웨일스의 작은 마을에서 태어났습니다. 아버지는 비행기 공장 지배인이었고 어머니는 실험실 연구원이었습니다.

"집 안이 온통 책으로 뒤덮여 있었고, 부모님은 끊임없이 번갈아 가며 책을 읽어 주셨어요."

조앤 롤링은 이렇게 어린 시절을 회상합니다. 어릴 적부터 작가의 감성을 가질 수 있는 환경에서 자란 셈입니다. 그녀는 몽상하는 기질이 있어서 늘 환상적인 세계를 꿈꾸고 이야기를 만들어 내서는 주변 사람들에게 들려주었죠. 여섯 살이 넘어서는 토끼에 대한 동화를 지어내기도 했을 정도였습니다.

무한한 상상력과 공상. 현실 속에서 그것은 그녀를 실수투성이의 모자란 사람으로 만들었지만, 그녀의 꿈은 현실에 있는 것이 아니라 공상과 상상 속에 존재했던 것입니다.

그녀가 펜을 들고 글을 써 내려가는 순간, 일상생활을 방해하던 비현실적이고 상상으로 가득 찬 생각은 순식간에 모습을 바꿔 작가로서 꿈을 펼치는 도구가 되어 주었습니다. 아무것도 제대로 할 수 없을 것 같던 어수룩한 사람이 어느덧 전 세계를 열광케 한 이야기를 만들어 낸 특별한 사람으로 탈바꿈한 것입니다.

펜을 들지 않았다면 그녀는 영원히 평범하기 그지없는, 아니 오히려 모자라고 가난한 여자로 남아 있었을 것입니다.

♥ 내 전부를 쏟아 부어라, 꿈이 존재의 이유가 된다

"언니, 이거 정말 재미있다. 무조건 끝까지 써 봐. 다음 이야기가 너무 궁금해."

롤링은 글을 쓸 공간도 없어서 동네 카페 테이블을 빌려 해리 포터 이야기를 써 내려가던 중이었습니다. 그녀를 찾아온 동생은 이렇게 말했습니다.

당시 그녀는 정부 보조금으로 생활했고, 글을 쓸 때도 아기를 봐 줄 사람이 없어서 갓난아기를 돌봐 가면서 글을 썼습니다. 그녀에게 남은 것은 글을 쓰는 일뿐이었습니다. 현실적인 절박함 때문에라도 그녀는 더욱 글을 쓰는 일에 매진해야 했지요. 자신의 모든 에너지와 노력, 상상력을 글을 쓰는 일에 쏟아 부은 것입니다.

해리 포터 이야기를 한 줄 한 줄 써 내려가는 일은 그녀에게 희망이자 유일한 즐거움이었으며 살아가는 이유였습니다.

해리 포터 시리즈의 첫 권을 완성한 그녀는 여러 출판사에 원고를 보내기 시작했습니다. 롤링은 원고를 복사할 돈도 없어서 구식 타자기를 구해 여러 번 다시 타이핑을 해야 했죠. 그러나 연락이 오는 출판사는 없었습니다. 꽤 오랜 시간이 지나서야 한 출판사에서 출판할 의사를 표시했지만 인세는 겨우 2,000파운드, 우리 돈으로 약 360만 원에 불과한 돈이었습니다. 자신의 땀과 눈물을 쏟아 부은 원고를 헐값에 넘겨야 했던 것입니다.

그러나 『해리 포터와 비밀의 방』이 세상에 나오자 모든 것이 달라졌습니다. 마치 해리의 마법처럼 전 세계에 해리 포터와 조앤 롤링의 열풍이 불기 시작했습니다.

『해리 포터와 비밀의 방』으로 롤링은 백만장자가 되었습니다. 그뿐만이 아닙니다. 2000년에는 영국 여왕에게 작위를 받았고, 세인트앤드루스 대학에서 명예박사 학위를 받기도 했습니다. 2001년에는 버킹엄 궁에서 찰스 왕세자에게 대영제국 훈장(OBE)을 받았지요. 이어 2004년에는 미국 경제 전문지「포브스」가 집계한 10억 달러 이상 '세계 최고 부호 클럽'에 합류했고 2005년에는 '세계에서 가장 영향력 있는 여성' 40위를 차지하기도 했습니다.

♥ 꿈이 있다는 것만으로도 당신은 이미 특별하다

"저는 정말 특별히 운이 좋은 사람입니다. 제가 세상에서 가장 사랑하는 일을 하니까요. 저는 언제나 작가로 남아 있을 것입니다."

조앤 롤링은 자신의 성공에 대해 이렇게 말합니다. 그녀는 이제 누가 봐도 큰 성공을 거둔 사람입니다. 과거의 실수투성이 조앤 롤링은 어디에도 남아 있지 않습니다. 물론 그녀는 여전히 일상생활 속에서 많은 실수를 하면서 살아가고 있을지 모릅니다. 하지만 과거와 달리 그것은 이제 조앤 롤링이라는 사람 자체를 결정짓는 단점이 되지 못합니다.

사랑하는 일을 하기 때문에 자신은 특별히 운이 좋은 사람이라 말하는 조앤 롤링. 여러분, 그녀의 말에서 꿈의 소중함이 느껴지지 않나요? 대부분의 사람들은 미래에 대해 여러가지 생각을 하지만 정작 구체적인 꿈이나 계획은 가지고 있지 않습니다. 주변의 학생들에게 꿈이 무엇이냐고 물어봐도 뚜렷하게 대답하는 이가 드뭅니다. 대학 진학을 하면서도 공부하고 싶은 분야나 학과를 제대로 정하지 못하는 청소년도 많지요.

꿈을 갖는다는 것은 누구나 할 수 있는 쉬운 일 같지만 "나의 꿈은 이러이러한 일이다"라고 분명하게 확신할 수 있는 사람은 생각보다 많지 않습니다.

자신의 꿈에 대해 분명히 말할 수 있다는 것은 그만큼 자신에 대해 깊이 생각하고 미래를 고민해 보았다는 증거입니다. 꿈이란 단순한 취미가 아닙니다. 꿈은 평생토록 자신이 할 일을 가슴에 심는 것인 만큼, 깊이 생각해 보지도 않고 찾을 수 있는 것이 아니거든요.

만약 자신의 꿈에 대해 말할 수 있다면 당신은 그것만으로도 이미 특별한 사람입니다. 막연하게 가슴속에 묻어 둔 꿈이 아니라 가슴속에 선명하게 모습을 드러낸 꿈을 가지세요. 그 꿈은 흙 속에 묻힌 진주가 마침내 모습을 드러내듯 나를 세상 가운데에서 빛나게 해 줄 것입니다.

가슴속에 숨어 있는
열망을 끄집어내라

"아무도 모르는 나만의 열망, 나만의 달란트를 찾아내십시오.

유행이나 주변 사람의 말이 아니라 나를 통찰하고 고민해야

내 가슴속의 진짜 열망과 타고난 달란트를 찾아서 인생을 설계할 수 있습니다.

내 모든 것을 걸고 이루어 갈 수 있는 열망과 달란트,

그것을 찾아야 진짜 꿈을 향해 나아갈 수 있습니다."

♥ 마음속 진짜 열망을 찾을 때까지 결코 포기하지 마라

"연극배우가 되겠어."

"오페라 가수가 되어 무대에서 갈채를 받고 싶어."

"무용가가 되고 싶어. 화려하게, 더 화려하게."

어머니는 글도 읽지 못하는 세탁부, 아버지는 별 볼일 없는 구두 수선공, 그리고 가난으로 가득찬 생활. 그럼에도 불구하고 끊임없이 화려한 조명을 받을 수 있는 일을 꿈꾸던 소년이 있었습니다.

그러나 현실은 암울하기만 했습니다. 소년은 자신의 어린 시절을 이렇게 회상합니다.

“우리 가족의 방은 아버지가 구두를 만드는 작업대와 어른 침대, 그리고 내가 노는 아기 침대로 꽉 찼어요. 그 작은 방에서 나는 어린 시절을 보냈지요.”

힘든 형편이었지만 소년의 아버지는 이야기를 좋아하고 문화적 감수성을 간직한 사람이었습니다. 그는 매일 잠자리에 들 때면 ‘아라비안나이트’나 ‘라퐁텐’ 같은 이야기들을 아들에게 들려주었지요. 그리고 그들이 사는 도시인 덴마크 오덴세의 극장에도 종종 소년을 데려가 주었습니다. 하지만 소년이 여덟 살 되던 해에 아버지는 세상을 떠났습니다.

소년은 감수성이 풍부하고 매우 예민한 데다가 못생긴 외모에 대한 콤플렉스가 심했습니다. 친구도 별로 없었고 점점 폐쇄적인 성격으로 변해 갔죠. 수업 시간에 집중하지 않다가 선생님에게 혼이 난 뒤 소년은 학교에 가기를 거부한 채 집에서 혼자 놀기 시작했습니다. 좁디좁은 집에서 그는 종이 오리기를 하거나 인형 옷을 만들며 놀았습니다.

그러던 소년은 열네 살이 되던 해에 연극배우가 되겠다고 결심하고는 무작정 수도 코펜하겐으로 향했습니다. 그러나 제대로 뜻을 이룰 수 없었지요. 소년은 마음을 바꿔 이번에는 오페라 가수가 되자고 생각합니다.

하지만 오페라 가수가 되겠다는 꿈 역시 보이소프라노 소리를 전혀 낼 수 없어 포기할 수밖에 없었습니다. 소년은 또다시 다른 목표를 찾아냅니다. 무용수가 되겠다고 결심한 것이지요. 그는 무대에서 갈채를 받고 화려한 모습으로 인정받고 싶었습니다. 그러나 무용수가 되겠다는 꿈마저 무너졌고, 소년은 그제서야 극작가가 되겠다는 진짜 꿈을 발견하고 왕립극장에 작품을 보냈습니다.

"맞춤법조차 틀리는 무식한 사람의 작품은 절대로 출판할 수 없습니다."

마지막 희망을 걸고 작품을 보냈지만 답변은 이처럼 냉정하고 모욕적인 내용이었습니다. 그는 정규 교육을 마치지 못했기에 글을 읽을 줄만 알았을 뿐 문법에 맞게 글을 쓸 줄 몰랐던 것입니다.

우리가 잘 아는 『인어 공주』『성냥팔이 소녀』『빨간 모자』『잠자는 숲 속의 미녀』와 같은 동화들을 남긴 덴마크의 위대한 작가 안데르센의 청소년기는 이렇게 가난과 눈물 그리고 실패로 얼룩져 있었습니다.

그러나 안데르센은 끝까지 포기하지 않았습니다. 그는 17세에 왕립극장 감독이던 요나스 콜린을 만나 그의 도움으로 교육을 받게 되었고, 국왕 지원금으로 코펜하겐 대학을 다닐 수 있었습니다. 시행착오와 실패를 거듭하면서도 진짜 자신의 길이 무엇일까 찾기 위해 수없이 궤도를 수정하고, 거듭 시도하고 또한 실패해 나갔습니다. 그 모든 실패는 결국 진짜 자신의 길을 찾기 위한 과정이었기 때문입니다.

자신의 꿈이 무엇인지 단번에 찾아서 확신할 수 있는 사람은 별로 없습니다. 어린 시절부터 성인이 될 때까지 수없이 생각을 번복하며 자신의 꿈을 찾아가는 것입니다. 안데르센 역시 자신의 꿈을 찾을 때까지 여러 번 결심을 바꾸어야 했습니다.

때론 자신의 꿈을 정할 때 유행이나 다른 사람의 이야기에 현혹되어 따라가는 일이 종종 있습니다. 모든 사람은 생각하는 방식이 다르고 타고난 기질도 다르므로 타인의 꿈은 타인의 꿈일 뿐 나의 것이 될 수 없습니다. 아무리 훌륭해 보여도 그것은 처음부터 끝까지 다른 사람의 것에 불과합니다. 나의 방식으로, 나의 생각대로 나만의 꿈을 찾아야 합니다.

꿈을 멀리서 찾으려고 하면 정답을 얻기 어렵습니다. 나의 꿈은 다른 곳이 아닌 바로 내 가슴 속에 있습니다.

안데르센의 진짜 꿈은 어린 시절부터 내면에 씨앗이 뿌려져 있었습니다. 아주 어릴 때부터 아버지의 이야기를 들으며 자랐고,

아버지가 돌아가신 뒤에도 혼자서 이야기를 상상하며 인형놀이를 했으니까요. 그는 늘 상상 속에서 수없이 많은 이야기를 곱씹었고, 자신이 겪은 평범한 일들을 재미있는 이야기로 만들어 내는 재주가 있었습니다.

슬프고도 아름다운 사랑 이야기가 담긴 『인어 공주』는 안데르센이 자신의 후원자인 요나스 콜린의 딸 루이스에게 실연을 당하고 만든 것입니다. 루이스는 자신에게 사랑을 건넨 안데르센에게 응답도 없이 다른 남자와 결혼을 해 버렸죠. 또한 가난한 소녀의 마지막 순간을 아름다운 풍경화처럼 그려 낸 『성냥팔이 소녀』는 가난으로 고생하다가 알코올 중독으로 세상을 떠난 어머니를 회상하며 썼답니다. 안데르센의 어머니는 매우 가난한 집안에서 자랐는데, 어린 나이에 구걸을 해 오라며 부모에게서 내쫓긴 뒤 아무도 도움을 주지 않자 다리 밑에서 혼자 운 적이 있었습니다. 성냥팔이 소녀의 가련한 모습은 안데르센의 어머니와 겹쳐집니다.

안데르센이 자신의 재주와 성격을 좀 더 깊이 들여다보았다면 조금 더 일찍 동화 작가로서 자신의 길을 찾을 수 있었을 것입니다.

안데르센의 말입니다. 안데르센의 창작이 모두 그의 내면에서 나왔듯, 꿈은 우리 각자의 안에 있습니다.

꿈을 멀리서 찾지 마세요. 수없이 많은 직업이 생겨나고 새로운 정보들이 넘쳐나는 세상이지만 자신의 길은 자신 안에 있습니다.

고민 없이 쉽게 찾은 꿈은 허상이기 때문에 중간에 길이 막히거나 곧 싫증을 내게 됩니다. 경솔한 생각만으로 뚜렷한 주관 없이 정한 꿈이니까요. 안데르센에게 오페라 가수나 연극배우, 무용수가 되겠다는 목표는 진정한 꿈으로 향하는 과정에서 거친 허상과 같은 꿈이었습니다.

진정한 꿈을 찾으려면 먼저 나를 관찰하고 내게 어떤 성향이 있으며 어떤 인생을 살기 원하는지를 깊이 생각해 보아야 합니다. 그런 다음에 현실적인 정보와 세상의 변화, 지식을 적용하여 자신과 가장 어울리는 일을 최종 목표로 정해야 합니다.

1867년 안데르센은 고향 오덴세의 명예시민으로 추대되었습니다. 1870년부터 건강이 악화되어 즐기던 여행도 제대로 할 수 없게 된 뒤, 1875년 그는 친구 가족의 별장에서 죽음을 맞이했습니다. 덴마크의 모든 사람이 그의 죽음을 애도했지요. 그의 장례를 치르는 날 덴마크 전 국민은 마치 가족이 죽은 것처럼 슬퍼했고, 국왕과 왕비도 장례식에 참여했습니다.

♥ 꼭꼭 숨어 있는 나만의 달란트와 열망을 찾아라

파울로 코엘료의 소설 『연금술사』의 주인공은 평범한 양치기 산티아고입니다. 책을 좋아하는 산티아고는 우연히 신비한 꿈을 반복해서 꾸게 되고 운명처럼 '자아의 신화'를 찾기 위해 여행을 떠납니다. 마음의 소리에 귀를 기울이며 한 발 한 발 자신의 꿈을 찾아가는 여행 속에서 그는 집시 여인, 늙은 왕, 도둑, 화학자, 낙타 몰이꾼, 아름다운 여인 파티마, 사막과 죽음의 위험을 만나면서 험난한 여정을 거칩니다. 그리고 결국 영혼의 연금술사가 되기에 이르지요.

누구에게나 산티아고처럼 꿈을 찾는 여정이 필요합니다. 사람은 저마다 자신의 방식으로 생각하고 깨닫기 때문에 꿈을 찾는 방식도 모두 다릅니다. 파울로 코엘료는 다음과 같은 이야기로 어떻게 자신의 꿈을 찾아야 하는지를 우리에게 이야기해 줍니다.

성모 마리아께서 아기 예수를 품에 안고 수도원을 찾으셨다. 사제들이 줄을 서서 성모께 경배를 드렸다. 어떤 이는 아름다운 시를 낭송했고 어떤 이는 성서를 그림으로 옮겨 보여 드렸다. 성인들의 이름을 외우는 사제도 있었다. 줄 맨 끝에 있던 사제는 볼품없는 사람이었다. 제대로 교육도 받은 적 없었다. 곡마단에서 일하던 아버지에게 공을 가지고 노는 기술을 배운 게 고작이었다. 다른 사제들은 수도원의 인상을 흐려 놓을까 봐 그가 경배 드리는 것을 막으려 했다. 그러나 그는 진심으로 아기 예수와 성모께 자신의 마음을 바치고 싶어했다. 그는 주머니에서 오렌지 몇 알을 꺼내더니 공중에 던지며 놀기 시작했다. 그것만이 그가 보여 드릴 수 있는 유일한 재주였다.

아기 예수가 처음으로 환하게 웃으며 손뼉을 치기 시작했다. 성모께서는 그 사제에게만 아기 예수를 안아 볼 수 있게 허락하셨다.

여러분 안에 숨어 있는 달란트는 무엇입니까?

아무리 부족해 보이는 사람에게도 자신만의 재능이 숨어 있습니다. 진실한 마음으로 자신의 재능을 발견하고 갈고 닦는다면 자신만의 만족으로 끝나지 않고 세상의 인정을 받게 됩니다. 하늘은 스스로 돕는 자를 도우니까요.

여러분이 진짜 원하는 일은 무엇입니까?

자신이 무엇을 원하는지 깊이 생각해 보십시오.

순간적인 바람, 남에게 보이기 위한 소망, 지금 당장 하고 싶은 일, 공부가 지겨워서 돌파구로 찾는 어떤 것이 나의 꿈이 될 수는 없습니다. 변덕스러운 마음에 현혹되지 말고 더 깊은 내면의 목소리에 귀 기울여 보세요. 마음속 깊은 곳에서 들려오는 소리에 귀 기울이면 복잡하고 혼란스러운 인생 항로에 든든한 안내자가 나타날 것입니다.

자신을 관찰하고 또 관찰하면서 정확하게 자신의 달란트와 원하는 바를 읽어 낸다면 시행착오를 최대한 줄이면서 목적지에 당도할 수 있습니다. 세상이 정해 놓은 길이 아니라 자신만의 재능을 발견하고, 순간적인 충동이 아니라 자기 가슴속의 진정한 열망을 발견하기 위해 애써야 합니다.

여러분이 자신 안에서 끄집어낸 그것, 그것만이 바로 '진정한 꿈'이라 할 수 있기 때문입니다.

꿈에 행동하는 열정을 더하라

"성공은 정확히 자신이 행동한 만큼 찾아옵니다.

아무리 원대한 꿈과 목표가 있어도 행동하지 않고

마음속으로만 꿈꾼다면 성공은 오고 싶어도 올 수 없습니다.

행동은 꿈과 현실을 이어 주는 성공으로 가는 다리입니다."

♥ 성공은 행동의 양에 정비례한다

"구멍가게 주인도 가게에 늘 새로운 변화를 주어야 살아남는다. 경쟁자를 의식하지 않으면 도태된다. 살아남으려면 언제나 경쟁의식을 가지고 있어야 한다. 경쟁을 두려워 마라. 변화하는 것을 두려워 마라!"

언제나 이렇게 강조하면서 한시도 가만히 있지 않고, 휴일도 없이 평생을 뛰어다닌 사업가가 있습니다. 부유한 티를 내기보다는 가볍고 허름한 작업복 차림으로 동네 이발관을 이용하며 트럭을 몰고 다닌 소박한 사업가. 그는 진정 몸소 본보기가 되는 사업가였습니다. 짧은 시간에 이룬 성공 역시 그의 적극적이고 열성적인 행동과 노력의 결과였습니다. 그는 평생 부지런하게 일하면서 무에서 유를 창조하듯 자신의 성공을 하나씩 만들어 냈지요.

그는 바로 세계적인 유통 회사인 ‘월마트’의 창시자 샘 월턴 입니다.

샘 월턴은 직접 발품을 팔아 많은 지역을 돌아다니며 상권이 형성될 만한 곳을 물색했습니다. 가능성이 보이는 곳을 발견하면 지체하지 않고 계약을 성사시켰습니다.

또한 그는 자신의 사업에 꼭 필요한 사람이 있으면 아무리 멀리 있더라도 직접 찾아가서 스카우트하고야 마는 적극적인 리더였습니다.

회사가 자리를 잡고 세계적인 기업으로 성장한 다음에도 샘 월턴은 한발 물러서는 여유를 부리지 않고 최고 경영자들을 비롯해 회사 내 모든 사람들에게서 여과되지 않은 최신 정보들을 입수하는 데 집중했습니다. 또한 토요일에도 쉬지 않고 다음 주의 판매 촉진 계획과 전략을 세우기 위해 회의를 열었습니다.

그의 적극성과 부지런함은 월마트를 빠른 시간 안에 성장시켜, 1962년 1호점을 개설한 지 30년도 지나지 않아 미국 소매업계 매출 1위를 달성하고 세계로 뻗어 나갔습니다.

샘 월턴은 자신의 적극적이고 부지런한 기질을 천성이라고 말하곤 했습니다. 그리고 항상 주변 가게를 관찰하고 틈틈이 공부하며 연구하고 또 연구했습니다. 죽는 날 아침까지도 자신과 평생 함께한 허름한 트럭을 끌고 매장을 방문한 샘 월턴. 골수암의 일종인 복합 골수종의 통증 속에서도 그는 마지막까지 평소처럼 자신의 일을 묵묵히 수행했습니다.

그가 죽기 전 미국의 전 대통령 부시는 그에게 '최고의 상인'이라는 메달을 수여하고자 했습니다. 건강 악화로 샘 월턴이 백악관에 나오지 못하자 부시 내외가 직접 그를 방문해 상을 전달하고 돌아갔을 정도로 미국인들의 샘 월턴에 대한 존경과 사랑은 대단한 것이었습니다. '행동하는 기업가 정신'이 사람들의 마음에 감동을 준 것이지요.

1945년, 27세의 샘 월턴은 수천 명 정도가 사는 한적한 시골 마을 뉴포트에서 싸구려 상품을 파는 구멍가게 하나를 인수했습니다.

그로부터 17년 뒤에 샘 월턴은 구멍가게 운영에서 배운 사업 경험을 바탕으로 아칸소 주 로저스 마을에서 '월마트 1호점'을 개점합니다. 그는 거기서 만족하지 않았습니다. 당시 미국 유통업계는 K마트가 주름잡고 있었는데, 샘 월턴은 K마트와 경쟁하겠다고 선언합니다. 아직 작은 마트일 뿐인 월마트의 도전을 대형 체인인 K마트 측에서는 거들떠보지도 않았지만 샘 월턴은 치열한 경쟁의식을 가지고 덤벼들었습니다.

"K마트와 맞서자. 경쟁은 우리를 한층 좋은 회사로 만들어 준다!"

월마트의 전략은 저렴한 가격 정책이었습니다. 월마트에서 고객이 구매한 물건을 K마트에서 더 싸게 팔면 2주 내에 차액을 돌려주었습니다. 타사보다 비싸면 현금으로 돌려준다는 상술은 최근에는 흔히 볼 수 있는데, 바로 샘 월턴이 처음 시도한 셈입니다.

샘 월턴은 단 한 가지 상품이라도 K마트보다 비싼 가격에 판매하는 것을 허용하지 않았습니다. 그런 치열한 노력 덕분에 1977년에 월마트는 K마트를 앞지르게 됩니다. 월마트의 규모는 K마트의 10분의 1도 채 되지 않았는데 말입니다. 점점 더 많은 사람이 먼 거리를 달려와서라도 가격이 저렴한 월마트에서 대량으로 물건을 구입해 갔습니다. 오랜 시간 벌여 온 끈질긴 추격전에서 월마트는 마침내 주도권을 쥔 것입니다.

'행동'은 하고자 하는 마음에서 나옵니다. 안일한 자세로 머릿속으로 꿈만 꾸며 자신의 인생을 설계하는 사람에게서는 결코 적극적인 행동이 나올 수 없습니다. 그런 사람은 꿈을 꿈으로만 여기기 때문입니다. 그러나 꿈은 꾸는 것이 아니라 성취하는 것입니다. 성취하지 못하는 꿈이란 일장춘몽에 지나지 않습니다.

샘 월턴의 자서전을 공동 집필한 존 휴이는 이렇게 말합니다.

"그는 극히 단순한 자신의 원칙을 철저히 지켜 나갔습니다. 그 원칙이란 좀 더 저렴하게 구입하여 좀 더 저렴하게 고객에게 판매한다는 것이었습니다. 그가 성공한 것은 아이디어를 현실에 옮기기 위해 최대한의 노력을 쏟아 부었기 때문입니다."

샘 월턴은 늘 긴장하고 자신을 채찍질하면서 치열하게 행동했기에 성공할 수 있었습니다. 무언가를 이루려는 사람은 아무리 작은 일에 지나지 않는다 할지라도 치열한 마음으로 행동해야 합니다. 사자가 토끼 한 마리를 잡을 때도 전력질주를 하듯 치열하게 뛴다면 바라는 것을 꼭 이룰 수 있습니다.

♥ 모든 것을 내 두 손, 두 발로 성취하라

샘 월턴은 최악이라 해도 과언이 아닐 환경에서 성장했습니다. 어린 시절 경제 대공황 시기를 겪었고 청년기에는 제2차 세계 대전을 경험했지요. 1929년 경제 대공황으로 경기가 침체되자 그의 어머니는 가족들의 생계를 위해 우유 판매 사업을 시작했고, 열한 살이던 샘 월턴 역시 어머니를 도와 우유 배달을 해야 했습니다. 그 시절 샘 월턴은 장사에 재주가 있어 잡지를 5센트에 사서 10센트에 팔기도 했습니다. 어릴 때부터 남다른 사업적 재능이 있었던 것이지요.

어려운 경제 사정 때문에 힘든 생활을 해 온 것은 그에게 부지런함과 적극성을 길러 주었습니다. 그는 하나부터 열까지 스스로 행동하고 체험하면서 점점 성공의 길을 발견해 나간 것입니다.

"사람들이 성공의 비결을 묻는데, 가장 중요한 비결은 바로 '열심히 일하라!'입니다. 이 비결을 모르는 사람에게 다른 비결들은 아무 소용이 없습니다."

훗날 성공 비결을 묻는 사람들에게 그는 이렇게 말했습니다. 열심히 하는 것, 이 비결은 마음으로 아무리 실천한들 소용이 없습니다. 마음도 중요하지만 그와 함께 실제로 노력하고 열성을 보여야 합니다. 행동하는 열정 가운데 성공이 깃든다는 것을 샘 월턴은 경험을 통해 누구보다 잘 터득하고 있었습니다.

"누구도 가지 않은 길을 가야만 성공할 수 있는 것은 아닙니다. 당신이 진정으로 원한다면 어떤 길을 가든 성공할 수 있습니다."

샘 월턴은 진정으로 원한다면 성공할 수 있다고 자신 있게 이야기합니다.

진정으로 원한다는 것은 그것을 얻기 위해 기꺼이 나의 에너지와 노력과 열정을 쏟아 가면서 행동하겠다는 마음입니다. 마음이 행동으로 이어지지 않는다면 그것은 생명 없는 꿈입니다. 말뿐인 사랑이 상대방의 마음을 감동시킬 수 없듯 마음뿐인 꿈은 운명의 신을 감동시킬 수 없습니다. 행동하는 꿈 속에 성공이 깃드는 법입니다.

코흘리개 어린 시절부터 장사를 시작해 74세에 생을 마감한 샘 월턴은 자신의 평생을 통해 우리에게 이런 메시지를 던져 줍니다.

"열심히, 더 열심히 움직여라!"

♥ **주변의 부정적인 소리에 흔들리지 마라.**

누군가 나의 꿈을 비웃더라도 흔들리지 마십시오. 성공한 사람

들도 처음에는 그런 말을 들으면서 시작했으니까요.

♥ **꿈이란 막연한 동경이 아니라 평생 하고 싶은 일이다.**

막연히 동경하는 것이 아니라 평생토록 할 일을 찾아야 합니다.

어떤 일이 있어도 포기할 수 없을 정도로 간절히 원하는 일, 그

것이 바로 나의 꿈입니다.

♥ **하찮은 사람도 꿈을 만나면 빛을 발한다.**

별 볼일 없어 보이는 사람도 자신만의 꿈을 찾으면 빛을 발하게

됩니다. 나를 빛나게 해 줄 나만의 재주를 찾으세요.

♥ **내 모든 것을 쏟아 부어라, 꿈이 존재의 이유가 된다.**

꿈을 이루기 위해 나의 모든 에너지를 쏟아 부으세요. 꿈이 내가 살아가는 존재의 이유가 될 정도로! 이것저것 다 즐기면서 원하는 것을 얻을 수는 없습니다.

♥ **꿈이 있다는 것만으로도 당신은 이미 특별하다.**

자신의 꿈을 발견하는 것은 생각처럼 쉬운 일이 아닙니다. 꿈이 있다는 것만으로도 당신은 이미 특별합니다. 아무나 자신의 꿈을 발견할 수 있는 것은 아니니까요.

♥ **마음속 진짜 열망을 찾을 때까지 결코 포기하지 마라.**

마음속에서 진짜 하고 싶은 꿈을 발견할 때까지 절대로 포기하지 마세요. 흥미를 느끼면서 남보다 잘할 수 있는 자신만의 달란트는 누구에게나 하나씩 숨어 있습니다.

♥ 멀리서 찾지 마라. 꿈은 바로 내 안에 있다.

꿈을 멀리서 찾지 마세요. 꿈은 멀리 있는 것이 아니라 바로 내 안에 있으니까요. 자신의 적성과 열정이 만나는 일을 찾아 내 마음을 잘 탐색해 보세요.

♥ 성공은 행동의 양에 비례한다.

성공은 내가 기울인 행동과 노력의 양에 비례합니다. 가수 비는 이렇게 말했습니다. "지금 자면 꿈을 꿀 수 있지만, 자지 않고 연습하면 꿈을 이룰 수 있다. 죽을 만큼 노력하자!"

♥ 치열한 긴장감으로 무장하라.

긴장감이 느슨해지지 않게 철저한 자기 관리를 해야 합니다. 자만심이나 게으름, 우유부단한 마음으로는 아무것도 해내지 못합니다.

♥ 모든 것을 내 두 손, 두 발로 성취하라.

모든 것을 나의 힘으로 해 나가겠다는 각오로 시작하세요! 불평

하지 않고 어려운 여건을 극복한다면 여러분의 성공이 더욱 빛
날 것입니다.

💜 내가 진정으로 사랑하는 일을 찾아라.

장래에 무슨 일을 하면서 살아갈지 생각해 본 적 있나요? 충동
적으로 하고 싶은 일, 공부가 싫어서 억지로 찾아낸 일, 멋있어
보여서 단순히 따라 하고 싶은 일, 그저 재미있는 일 등등. 이러
한 일들은 진정으로 내가 사랑하는 것이 아닙니다. 누구나 공부
보다는 컴퓨터 게임이 즐겁고, 꿈을 향해 노력하는 것보다는 재
미있는 취미로 시간을 보내고 싶어합니다. 힘들어도 꿈을 향한
노력 안에서 재미를 찾아 보세요. 나의 존재감을 높여 주고, 나
의 미래를 약속해 주는 일이 분명히 있습니다. 그것이야말로 내
가 진정 사랑해야 할 일입니다.

Spin
BUS
BUS
HAPPY
LOVE

2장
목표의 비밀
목표란 매 순간 가슴에 그리는 '나만의 이미지'
목표가 있는 사람은 잠재된 2%를 끄집어낸다
치열한 프로 의식을 배워라
몰두와 집중의 신비로운 힘을 체험하라
coffee
cake
happy
mind
pink

목표란 매 순간 가슴에 그리는 '나만의 이미지'

"목표란 자신이 되고자 하는 모습을

구체적이고도 분명하게 가슴속에 새기는 것입니다.

목표는 자신의 가슴에 그리는 강렬한 이미지입니다.

언젠가는 그 이미지가 살아 나와서 나의 현실이 될 것입니다."

♥ 목표는 생각하는 게 아니라 가슴에 그리는 것이다

'언젠가 이 호텔은 내 것이 될 거야.'

이렇게 상상하는 남자가 있었습니다.

그는 아침마다 걸레질로 하루를 시작하는 조그만 호텔의 종업원이었지만 가슴속에는 아무도 알지 못하는 자신만의 이미지가 있었습니다. 그 이미지는 고급스럽고 체계가 잡힌 유명 호텔의 사장이 된 자신의 모습이었습니다.

지금은 조그만 호텔 주인이 시키는 대로 잡일을 하며 생계를 잇는 가난한 처지였지만, 그에게는 자신만의 꿈이 있었기에 미래에 대한 기대로 언제나 가슴이 벅차올랐습니다.

그의 이름은 콘래드 힐턴으로, '힐턴 호텔'의 창업자입니다.
전 세계에 자신의 이름을 붙인 호텔을 전파한 호텔 왕이지요.

그는 매일같이 자신의 목표를 가슴에 새기고 또 새겼습니다.
훗날 사람들이 성공 비결을 묻자 힐턴은 이렇게 대답합니다.

"내가 호텔 종업원으로 일할 때 나보다 뛰어난 사람은 얼마든지 있었지요. 그러나 그들은 나처럼 하루도 빠짐없이 자신의 미래를 생생하게 그리지는 않았어요."

누구에게나 바라는 일이 있습니다. 이루고 싶은 일이 있습니다. 그러나 무언가를 바라고 계획하는 일은 누구든 할 수 있지만 중요한 것은 '어떤 식으로 바라고 계획하느냐' 입니다.

만약 힐턴이 남의 호텔에서 일하며 그저 성실하게만 생활했다면 그의 미래는 월급이 조금 오른 종업원에 지나지 않았을 것입니다. 그러나 힐턴은 초라한 현실 속에 몸을 담고 있으면서도 날마다 자신이 사장이 된 자랑스러운 모습을 상상했습니다. 막연하고 허황된 상상이 아니라 구체적이고 확신에 찬 자신의 모습이었지요. 그리고 얼마 뒤 그는 기회를 포착하고 상상 속에 존재하던 목표를 현실로 이룹니다.

당시 텍사스는 유전 개발 붐이 일고 있었습니다. 그래서 힐턴이 일하던 호텔은 각지에서 몰려든 투기꾼들로 연일 붐볐습니다. 힐턴은 사업가들의 대화를 듣고 경제 동향을 파악한 뒤, 기회를 잡고 행동을 시작합니다.

"이 호텔을 제가 인수하겠습니다."

그리고 마침내 마음속으로 날마다 그려 온 자신만의 이미지가 현실화된 것입니다.

하루하루 열심히 생활하는 것만으로는 부족합니다. 분명한 목표가 있어야 오늘의 수고가 헛되이 흘러가 버리지 않고 목표라는 한 방향을 향해 효과를 발휘할 수 있습니다.

끊임없이 미래를 상상하고 기대하는 사람에게는 자연스럽게 기회가 다가옵니다. 호텔 왕 힐턴이 그랬듯 자신이 기대하는 모습을 상상하십시오. 내가 상상하는 그 목표가 언젠가 나의 현실이 될 것을 확신하면서 말입니다.

♥ 간절히 상상하면 모든 상황이 나를 중심으로 돌아간다

성공하려면 행운이 따라야 합니다. 그러나 아무에게나 행운이 찾아오는 것은 아닙니다. 행운은 자신의 목표를 간절히 소망하고 상상하는 자에게 다가오기 때문입니다.

텍사스 모블리 호텔에서 성공을 향한 첫발을 디딘 힐턴은 놀라운 사업 수완을 발휘합니다. 당시 호텔은 숙박 시간이나 요금이 제각각이고 운영 체계도 잡히지 않은 상태였죠. 그런데 힐턴은 숙박 시간을 8시간으로 정해서 객실 하나 당 하루에 세 번이나 손님을 들일 수 있게 했습니다. 손님이 몰려들자 사무실도 객실로 개조했고, 향수나 보석을 감상하고 구매하는 공간을 마련해 호텔의 이미지를 고급스럽게 창조해 나갔습니다. 그리고 청결한 이미지와 완벽한 서비스를 제공하기 위해 종업원 교육에 힘을 기울였습니다.

'값싸고 더럽고 서비스가 나쁜' 호텔 이미지를 새롭고 고급스러운 이미지로 탈바꿈시킨 것입니다. 오늘날 힐턴 호텔의 고급스러운 이미지는 텍사스의 모블리라는 작은 호텔에서 시작된 것입니다.

그러나 1929년 세계 대공황이 닥치자 힐턴 역시 위기를 만났습니다. 호텔 업체 대부분이 도산하는 최악의 상황이었지만 그는 자신의 목표가 이뤄지리라 믿어 의심치 않았습니다. 오히려 위기를 기회라 확신하고 재정 악화로 문을 닫는 다른 호텔들을 인수하기 시작했습니다.

"기업이 국경을 넘지 않으면 군대가 국경을 넘을 것입니다. 전 세계로 미국인이 경영하는 호텔이 전파되게 하겠습니다!"

이런 자세로 공격적 투자를 계속하던 그에게 자금난이 찾아왔습니다. 새 호텔 공사 착수 후 자금난에 처한 힐턴은 공사를 포기하려 했지요. 그런데 친구 하리가 나서서 아무 조건 없이 많은 돈을 힐턴에게 투자합니다.

"자네를 믿네."

이것이 하리가 한 말의 전부였습니다.

자신의 목표를 분명히 하고 확신하는 사람에게는 늘 도움의
손길이 다가옵니다. 위기인 것 같아 보이지만 그 속에 기회가 숨
어 있기도 하고, "이제는 정말 안 되겠구나." 하고 포기하는 순간
우연처럼 상황이 반전되기도 합니다.

자신의 목표를 향한 강한 확신, 자신이 그리는 미래의 이미지
에 대한 강한 믿음이야말로 주변 사람들이 나를 믿게 하는 보증
수표입니다. 스스로 자신의 목표를 믿는다면, 그리고 자신이 그
리는 이미지가 언젠가 현실이 되리라 확신한다면, 세상도 나의
가능성을 믿고 나를 중심으로 돌아가게 됩니다. 내 마음의 확신
이 세상까지 움직이는 것입니다.

♥ 나만의 이미지를 날마다 '그리고' '쓰고' '믿어라'

아주 작은 일이라도 성취하려 할 때는 분명한 목표가 필요합니다. 막연한 희망사항은 언제나 희망사항으로 끝날 뿐이니까요. 만약 성적을 올리기 원한다면 분명한 목표를 정하고, 목표를 이룬 자신의 모습을 마음으로 그려야 합니다.

미국의 스포츠 심리학자인 제리 메이는 이렇게 말했습니다.

"인간의 신경세포는 실제의 행동과 상상의 행동을 구별하지 못한다."

운동선수들은 실제 몸을 움직이는 훈련과 함께 이미지로 하는 행동 훈련을 합니다. 실제의 행동과 상상의 행동이 별개의 것이 아니기 때문에 이미지로 그려 보는 훈련이 실제 행동에도 효과를 발휘하는 것입니다.

우리의 목표도 마찬가지입니다. 분명한 목표를 마음속으로 그리는 것은 공상이나 몽상과는 다릅니다. 구체적인 상상은 현실 세계를 창조하는 힘이 있습니다.

노벨상 수상자를 다수 배출한 미국의 시카고 대학에서는 신입생들에게 5년 뒤와 10년 뒤 자신의 모습을 글로 남기라는 과제를 내 줍니다. 신입생들은 미래에 이루고자 하는 자신의 목표를 상상하면서 그것을 글로 남기고, 목표를 더욱 확실하게 세우게 되지요.

"내게는 원대한 꿈이 있었어요. 자금을 구하러 다니던 상황에서도 잡지에서 뉴욕의 월도프 아스토리아 호텔 사진을 보고는 그 호텔을 손에 넣겠다고 목표를 세웠지요. 그것이 나를 앞으로 나아가게 하는 힘이 되었습니다."

힐턴이 뉴욕의 아스토리아 호텔을 손에 넣겠다고 목표를 세운 것처럼, 1년 뒤 혹은 2년 뒤 그리고 10년 뒤의 우리 모습은 바로 우리의 상상 속에 있습니다.

1학기 때보다 성적이 많이 올라 우등생이 된 나, 친구들에게 인기가 많은 나, 원하던 무대에 서서 기타나 드럼 연주를 하는 나, 성공한 사업가가 된 나, 유명인이 된 나……. 이렇듯 수많은 장면이 주인을 만나기 바라며 잠재의식 속에 떠다니고 있습니다.

바라는 일이 있다면 목표를 세우세요. 그리고 날마다 뜨거운 마음으로 그려 보고, 종이에 써 보고, 이뤄진다고 믿으십시오. 그러한 목표가 우리를 앞으로 나아가게 하는 힘이 됩니다.

수십 개의 목표가 쌓인 순간 꿈이 이뤄지는 기적이 일어납니다. 지금, 미래를 상상하고 글로 옮기고 믿는 매 순간이 바로 기적과 같은 소중한 시간들입니다.

목표가 있는 사람은
잠재된 2%를 끄집어낸다

"무언가를 해낼 수 없다고 섣불리 속단하지 마십시오.

분명한 목표는 그 자체만으로도 힘이 됩니다.

가슴에 심은 분명한 목표가 나를 움직이게 하고 견디게 하며,

내 안에 숨은 힘을 발휘해 최선을 다할 수 있게 이끌어 주기 때문입니다."

♥ 분명한 목표는 그 자체로 힘이 된다

"당신 앞에 놓인 문제가 너무 복잡해서 풀지 못할 것 같을 때는 '도랑에 빠진 소'의 우화를 떠올려 보세요. 이때 해야 할 일은 세 가지입니다. 소가 도랑에 빠졌다면 우선 소를 건져 냅니다. 그리고 소가 도랑에 빠지게 된 원인을 찾아내야죠. 마지막으로 소가 다시 도랑 근처에 가지 못하게 할 방법을 연구해야 합니다."

누군가 중책을 맡고 혼란에 빠진 한 여성 사업가에게 이렇게 말해 주었습니다. 어디서부터 어떻게 자신이 맡은 일을 해 나가야 할지 갈팡질팡하며 두려움에 떨던 여성 사업가는 이 말을 든고 해결책을 찾아냅니다. 충고를 듣는 순간, 그녀에게는 분명한 목표가 세워졌으니까요.

"나는 도랑에 빠진 소를 구해 낼 수 있어!"

그녀에게 도랑에 빠진 소는, 한때는 일류 기업이었지만 당시 도산 위기에 처한 대기업 '제록스'였습니다. 그녀는 바로 제록스를 도산 위기에서 구해야만 하는 여성 사업가 앤 멀케이였습니다.

제록스는 1906년 핼로이드 사라는 이름으로 설립된 뒤 최초로 복사기를 판매하면서 지금의 제록스란 이름으로 회사명을 변경했습니다. 1960년대에는 새로 개발한 복사기로 엄청난 매출 신장을 기록해 세계적인 기업으로 급성장했지요.

독보적인 기업으로 자리를 굳히던 제록스는 저가의 일본 복사기가 시장에 들어오면서 서서히 흔들리기 시작했습니다. 주가가 하락했고 회사 부채는 171억 달러가 넘었으며 현금 보유액은 고작 1억 5,000달러에 불과한 지경에 이르고 말았습니다.

경영진은 위기에 빠진 회사를 구하기 위해 고민하다가 무명의 앤 멀케이를 새로운 CEO로 발탁했습니다. 그러나 처음으로 CEO직을 맡은 그녀는 모든 것이 낯설고 두려울 뿐이었습니다.

그런 와중에 조찬 모임에서 도랑에 빠진 소 이야기를 들은 그녀는 자신의 목표를 확실하게 깨닫고 용기를 냈습니다.

그녀는 이렇게 목표를 확고히 했습니다. 제록스를 위기에서 구한 앤 멀케이의 불패 신화가 막 시작되는 순간이었습니다. 목표는 그녀를 움직이게 하는 힘이었고 앞으로 나아가게 하는 동력이었습니다. 목표 그 자체가 곧 힘이었지요.

♥ 할 수 없는 일이라고 속단하지 마라, 목표가 있다면!

목표를 깨달은 그녀는 더 이상 헤매지 않았습니다. 주사위는 이미 던져졌고, 9만 명의 직원들과 제록스는 그녀가 해내지 못한다면 침몰할지도 모르는 위태로운 배 위에서 두려움에 떨고 있었습니다. 이제는 딱 한 가지 일만 남은 것입니다. 끝까지 밀어붙여서 해내든지 아니면 실패해서 나가떨어지든지!

물론 처음엔 사람들도 그녀를 신뢰하지 않았습니다.

"앤이 도대체 누구야? 이름도 잘 알려지지 않은 여자 하나가 어떻게 우리 모두를 구하겠다는 거야?"

"제록스 직원이라는 게 더 이상 자랑스럽지 않군."

그녀 자신도 불안하긴 마찬가지였습니다. 그때의 상황을 앤은 이렇게 회상했습니다.

"나를 포함해 9만 명의 직원들은 모두 어떻게 해야 할지 우물쭈물할 뿐이었죠."

25년이란 세월 동안 제록스의 직원으로 일해 온 평범한 여성, 그 흔한 MBA 학위조차 없던 49세의 중년 여성. 한때 인사 부문의 대표를 맡기도 했으나 제록스의 그 누구도 그녀가 자신들을 대표할 CEO가 되리라고는 상상조차 하지 못했습니다. 그러나 중년에 만난 위기와 목표는 그녀를 다시 태어나게 했습니다.

"뉴욕 로체스터 대형 생산 공장을 폐쇄합니다!"

"2만 3,000명의 인력 삭감을 단행합니다!"

CEO로서 그녀는 폭탄선언들을 하면서 제록스의 곪아 터진 문제들을 도려내기 위해 칼을 빼 들었습니다. 물론 사람들은 거세게 비난하고 저항했습니다. 그녀가 강한 방침을 들고 나올수록 반대는 극심했지요. 그러나 목표를 향해 칼을 빼 든 그녀는 흔들리지 않았습니다.

"내가 곧 제록스의 문화입니다. 내가 이끌어 나가는 방법을 알지 못한다면 이 업무에 적당한 인물이 아닐 것입니다!"

그 결과 제록스는 다시 살아나기 시작했습니다. 앤 멀케이가 나선 지 5년도 되지 않아서 회사 부채는 43억 달러로 감소했고 현금 보유액은 30억 달러로 늘어났습니다. 앤 멀케이는 자신의 목표를 이룬 것입니다.

제록스가 도산 위기에 처하지 않았다면 앤 멀케이는 영원히 평범한 직장인으로 남았을 것입니다. 더 정확히 말하자면 제록스를 도산의 위기에서 구하겠다는 자신의 목표를 분명하게 세우지 않았다면 CEO라는 중책을 맡았다 하더라도 해내지 못했을 것입니다.

이처럼 분명한 목표가 생기기 전과 후의 나는 전혀 다른 사람일 수 있습니다.

평소 게으르고 매사에 우유부단하던 사람도 분명한 목표 하나로 다른 사람이 된 것처럼 노력하는 일이 종종 있습니다. 그것은 그 사람에게 분명한 목표, 반드시 달성해야 할 그 무엇이 생겼기 때문입니다. 날마다 가슴에 새기면서 "꼭 이룰 거야." 또는 "꼭 이뤄질 거야.", "꼭 이뤄야만 해!" 하고 의지를 불태우게 하는 목표 말입니다.

💛 목표를 통해 나의 전투력을 키워라

꿈은 우리를 특별하게 만들어 줍니다. 그리고 구체적이고 분명한 목표는 우리 내면에 숨겨진 2%의 잠재력까지 끄집어내서 발휘할 수 있게 도와줍니다. 목표가 생기기 전에는 스스로 할 수 없다고 여겼던 많은 일이 가능해집니다. 목표를 이루겠다는 열망이 내 모든 것을 걸고 최선을 다할 수 있게 이끌어 주기 때문입니다.

앤 멀케이는 자신이 제록스의 CEO가 되리라고는 상상조차 해 본 적이 없었습니다. 더구나 위기에 처한 회사를 자신이 일으키게 될 줄은 꿈에도 몰랐습니다. 오히려 회사를 다니는 수십 년 동안 평범한 직장인들처럼 "너무 힘들어. 기회만 되면 회사를 그만둘 거야." 하고 내내 생각해 왔습니다.

그런데 강한 목표는 그녀의 전투력을 강화시키고 그녀 자신도 깜짝 놀랄 만큼 위대한 일을 해내게 만들었습니다.

그녀는 53세가 되던 해에 '세계에서 가장 영향력 있는 여성 기업인'으로 2회 연속 「포천」 지에 선정되었으며, 「포브스」 지의 '세계에서 가장 영향력 있는 여성 10인'에 선정되기도 했습니다.

확실한 목표를 발견한 뒤 자신조차 알지 못한 잠재력을 발휘하며 신화를 만들어 낸 앤 멀케이처럼, 누구나 자신의 잠재력을 끌어내어 놀라운 일을 할 수 있습니다. 꼭 해내고 싶은 목표가 분명히 있다면 말입니다.

내 안에는 내가 생각하는 것보다 훨씬 강하고 많은 일을 해낼 수 있는 '또 다른 나'가 있습니다. '또 다른 나'는 매일 자신을 불러줄 때만 기다리지요.

처음부터 강한 사람은 없습니다. 시행착오를 거듭하면서도 목표를 향해 끊임없이 스스로를 일으켜 세우면서 점점 단련되고 강해지는 것입니다.

"나는 그렇게까지는 할 수 없어."라고 미리 선을 긋지 마세요. 자기 자신을 믿지 않으면 아무도 나를 믿어 주지 않습니다. 운명조차 그런 사람에게는 행운을 가져다주지 않을 것입니다.

그러나 확고한 목표에 대한 강한 신념을 가지고 밀어붙인다면

처음에는 나를 신뢰하지 않던 사람들도 언젠가는 고개를 숙이고
나의 존재를 인정할 것입니다. 그리고 그런 사람에게 운명 또한
행운을 선물해 줄 것입니다.

치열한 프로 의식을 배워라

"아마추어는 말만 많다가 정작 실전에는 약한 모습을 보입니다.

프로는 힘든 일이 있어도 소리 없이 방법을 찾아 나가며 실전에서 멋지게 해냅니다.

프로는 목표를 달성하기 위해 자신의 감정을 잘 다스리고

상황을 주도하며 일의 성패까지도 냉철하게 관리할 줄 아는 사람입니다."

♥ 프로는 아름답다, 꿈을 이룬 프로는 더 아름답다

작은 몸집, 화려한 의상과 격렬한 댄스, 나이는 어리지만 무대에서 내뿜는 강렬한 카리스마, 때론 앳된 매력……. 친근하게 느껴지다가도 단련된 실력에 어쩔 수 없이 고개를 끄덕이게 만드는 아름다운 프로 '보아'.

2000년에 첫 앨범을 발표하며 무대에 오른 보아는 단숨에 인기몰이를 하며 화제가 되었습니다. 단순히 한 명의 가수가 아닌 하나의 문화 코드가 되었지요. 이후 보아와 비슷한 콘셉트로 발굴된 스타들이 여럿 탄생했으나 지금까지도 보아의 다재다능함과 끼, 스타성은 수많은 청소년에게 동경의 대상이 되고 있습니다. 몇 년 전에는 보아가 일본에서 번 돈이 한 해 우리나라 중소 기업들이 일본 시장에서 벌어들이는 수익금보다 많았다는 기사 도 있었습니다. 그녀는 재산적 가치가 무려 1조 원에 이르는 '움 직이는 1인 세계 기업'인 것입니다.

"저에게 노래는 희망과 존재감을 심어 주는 그 무엇이에 요. 무대에서 노래를 할 때면 '내가 있어야 할 곳에 있구 나.' 하는 느낌을 받아요. 침대에 몸을 쭉 뻗고 누워 있을 때보다 훨씬 편해요."

보아는 '자신이 평생토록 사랑할 꿈'을 이미 발견하고, 이룬 사람입니다. 그런데 보아가 더 빛나는 건 꿈을 위해 철저하게 자신을 훈련하면서 실력을 갈고닦은 '아름다운 프로'이기 때문 입니다.

프로가 아름다운 것은 단지 겉모습이 화려해서가 아닙니다. 프로에게서 우리는 "저렇게 잘하기 위해서 얼마나 노력했을까?

지금의 화려한 순간을 이루기 위해 얼마나 눈물을 흘렸을까?"와 같은 감정을 느낍니다. 프로의 화려함 이면에 축적되었을 눈물과 고독 그리고 뜨거운 땀이 우리를 감동시키는 것이지요. 원하는 일을 이루기 위해 그만큼 노력하고 훈련해서 프로의 경지에 이르는 것은 힘든 일입니다. 그래서 프로는 더욱 빛이 납니다.

어떤 분야의 어떤 일을 하든지 프로의 경지에 이르지 않고서는 어떠한 목표도 꿈도 이룰 수 없습니다. 꿈이 있고, 도달하고 싶은 목표가 있다면 그 일에서 최고가 되어야 합니다. 최선의 노력을 기울이지 않으면 최고가 될 수 없으니까요.

♥ 자신을 감동시키는 프로가 돼라

1990년대 말, SM엔터테인먼트는 일본 시장 진출을 염두에 두고 예비 스타를 물색하고 있었습니다. 해외 시장으로 진출시킬 재능이 있는 가수가 필요했지요. 캐스팅 노력의 성과는 우연한 곳에서 나왔습니다. 언뜻 보기에는 평범한 어린아이인 보아가 우연히 오빠를 따라 오디션 장에 왔다가 SM 측의 눈에 띈 것입니다. 흙 속의 진주가 발견된 순간이었습니다.

그러나 보아가 단순히 우연한 행운으로 탄생한 것은 아닙니다. 보아의 성공 뒤에는 그 무엇보다 본인의 치열한 노력이 숨어 있습니다.

그룹 블랙비트의 심재원은 보아에 대해 이렇게 말했습니다.

"솔로 춤을 가르쳤는데, 아직 어려서 잘 못할 줄 알았더니 한 번 보고는 잘 따라 하더라고요. 그래서 처음에는 '오호, 요것 봐라? 제법인데.' 라고 생각했어요. 그런데 그 꼬마가 정말 비가 오나 눈이 오나 밤이 새도록 춤이 완벽해질 때까지 연습해서 완전히 마스터하는 거예요. 그때 정말 감동받았죠."

꼬마 보아는 이제 스물이 넘은 어엿한 숙녀가 되었고, 일본으로 진출한 뒤 수많은 음악 팬들의 마음을 사로잡는 최고의 가수로 활동하고 있습니다.

13세의 천재 소녀 가수로 2001년 일본 대중음악계에 정식 데뷔한 이후 현재까지 줄곧 정상의 자리를 지킨 보아. 그녀가 이렇게 오래도록 정상의 자리를 지킨 것은 진정한 프로로서 노력과 연습을 게을리 하지 않았기 때문입니다.

보아의 성공 비결을 분석한 전문가들도 기획사의 전략과 일본 시장의 트렌드 등과 함께 보아 본인의 '성실성, 자기 관리, 열의, 자신의 장단점에 대한 정확한 분석' 등을 꼽습니다. 보아 스스로 프로로서 꾸준히 노력한다는 증거입니다.

이렇게 진정한 열정을 가지고 뛰는 프로는 보는 사람에게도 감동을 줍니다. 주변 사람들도 그녀를 보고 "나도 열심히 해야지.", "더 열심히 살아야지.", "다시 한 번 해 봐야지." 하고 마음을 다잡게 됩니다.

무엇보다도 중요한 것은 다른 누구도 아닌 바로 자신을 감동시키는 일입니다. 여러분은 자신에게 감동받았던 적이 있습니까? 그런 적이 없다 해도 실망하지 마세요. 우리의 꿈은 이제 막

시작되었고, 앞으로 나를 감동시키기 위해 열심히 노력하는 것
이 중요하니까요.

"우리 목표는 국내 무대가 아니야. 세계지. 일본부터 시작해서
중국, 미국 시장에 맞게 철저하게 준비해야 해."

보아를 키운 기획사 SM엔터테인먼트의 이수만 프로듀서는
세계 무대를 겨냥해서 한국 가수를 키우려는 목표가 분명한 사
람이었습니다.

프로는 주먹구구식으로 될 수 없습니다. 할리우드 스타들은
영화 작품을 위해 체중 10킬로그램쯤은 너끈히 감량하곤 합니
다. 겉으로는 화려하고 편안해 보이지만 목표를 위해 철저하게
자신을 관리하지요.

꿈과 목표를 향해 가는 사람도 스타들처럼 철저하게 자신을 관

리하고 전략적으로 준비해야 합니다. 보아 역시 해외 시장 진출을 목표로 전략적으로 철저하게 준비된 스타였습니다.

"노래와 춤은 다음이야. 어학과 예절, 매너, 인간미에 대한 교육부터 시작한다."

보아가 반짝 스타로 그치지 않은 것은 이처럼 엄격하고 철저한 훈련 덕분이었습니다. 그녀는 춤, 노래, 어학 등 모든 분야를 완벽하게 익혀야 했습니다. SM엔터테인먼트는 "보아가 성공하지 못하면 SM도 없다."라고 말할 만큼 목표와 확신을 가지고 확실한 전략을 세워 보아를 훈련했습니다.

가장 확실한 투자는 자신에게 투자하는 것입니다. 특히 자신만의 인생을 찾아 준비하는 단계인 청소년기에는 더더욱 그렇습니다. 청소년기에는 아르바이트를 해서 용돈을 버는 것보다, 취미 생활에 빠져서 시간을 보내는 것보다 더 중요한 것이 있습니다. 확실한 미래에 대한 목표를 정하고 그 목표에 맞는 노력들로 지금을 채우는 일, 바로 그것이 투자입니다.

지금 나에게 투자한 한 시간이 목표의 성취를 1년 앞당길 수 있습니다. 바로 지금 투자한 노력이 10년 뒤 나의 위치와 모습을 다르게 만들어 놓습니다.

"몇 년 동안 1년에 2주 이상 쉬지 않았어요. 춤을 추다 무릎이 돌아가기도 했고, 또래 친구도 없어요. 하지만 노래하는 법을 알게 되었죠."

보아는 그 목표에 필요한 노력들로 자신의 시간을 다 채우고 에너지를 쏟은 것입니다. 그 때문에 십대의 나이에 즐겨야 하는 평범한 일상은 놓쳤지만 더 소중한 자신의 꿈을 이룰 수 있었습니다.

"저는 여러 곳에 가고 싶어요. 우선 눈앞에 있는 허들을 뛰어넘고 또 그 뒤에 허들이 있다면 또 뛰어넘고, 그렇게 그 길을 갈 거예요."

누구나 자신만의 목표와 계획이 있습니다. 그런데 그 목표와 계획을 향해 일상을 꾸려 나가는 일은 결코 쉬운 일이 아닙니다. 놀고 싶고 쉬고 싶고 내일로 미루고 싶고, 게다가 열심히 하고 있어도 성과가 금세 보이지 않습니다. 때론 지치고 포기하고 싶기도 하고 불안해서 지레 겁먹고 숨어 버리기도 합니다.

성공한 사람들도 마찬가지입니다. 힘든 순간을 이겨 낸 사람만이 성공할 수 있습니다. 그들이 그 힘든 과정을 견딜 수 있었던 것은 꿈을 사랑하고, 자신이 정한 목표에 대한 열망이 있었기 때문입니다. 그리고 그들은 결과보다 꿈을 향해 나아가는 과정을 즐기고 사랑합니다. 그것이 진정 치열한 프로 의식의 시작입니다.

몰두와 집중의 신비로운 힘을 체험하라

♥ 몰입하라, 평범한 사람도 천재성을 발휘하게 된다

"어머니, 저는 언니들과 다른 옷이 필요해요. 튼튼한 옷감으로 치마가 아니라 바지를 만들어 주세요."

소녀는 바지를 입고 남자 아이들과 똑같이 야구도 하고 축구도 하고 나무도 탔습니다. 여느 소녀들과 달리 운동을 좋아하고 활달하다는 것 외에는 평범해 보였지만, 이 소녀에게는 독특한 점이 있었습니다. 무슨 일이든 한번 빠져들면 주변을 다 잊을 정도로 몰두한다는 것이었습니다. 때론 학교에 가는 것조차 잊을 정도였습니다. 그러나 소녀의 부모님은 열린 사고방식을 가진 사람들이라서 그런 소녀를 꾸짖기보다는 지켜보는 편이었습니다. 특별히 나쁜 일만 아니라면 끝까지 해 볼 수 있게 기다려 주었지요. 이렇게 남다른 집중력과 끈기를 보인 소녀는 바로 1983년, 여성 단독으로는 최초로 노벨상을 받은 바버라 매클린톡입니다.

스웨덴 한림원은 그녀를 노벨상 수상자로 발표하면서 이렇게 밝혔습니다.

"올해의 노벨상 수상자로 바버라 매클린톡을 선정합니다. 그녀는 수십 년 동안 아무도 인정하지 않고 이해하지도 못하던 유전자의 의미를 연구하고 증명했으며, 오직 혼자 이 힘든 연구를 이끌어 왔습니다. 수십 년이 지난 뒤에야 후배 과학자들이 그녀의 연구 업적을 이해할 수 있었습니다. 그녀의 업적은 '유전학의 아버지'라 불리는 그레고르 멘델의 업적에 견줄 만큼 위대한 것입니다."

사람이 타고나는 능력은 큰 차이가 없습니다. 서로 다른 재주를 타고날 뿐입니다. 그런데도 누군가는 자신의 분야에서 영원히 이름을 남기고 혹은 아무것도 이루지 못하기도 합니다.

왜 그럴까요? 자신의 분야에서 작은 일이라도 이루고 성취한 사람들에게서는 거의 예외 없이 공통점을 찾아 볼 수 있습니다. 바로 그들이 어떤 일을 이루기까지 그 한 가지에 몰두하고 집중했다는 것입니다.

평소에는 잘 외워지지 않던 영어 단어나 수학 공식이 시험 직전에는 신기할 정도로 머리에 쏙쏙 들어오는 경험을 누구나 해 본 적이 있을 것입니다.

이처럼 '몰두'라는 것은 신기한 힘을 가지고 있습니다. 몰두할 때면 자신이 가진 능력을 두 배, 세 배로 발휘하게 되는 시너지 효과가 나타납니다. 공부를 할 때도 음악을 듣고 무언가를 먹으면서 느슨하게 여러 시간을 하는 것보다는, 짧은 시간을 하더라도 집중해서 할 때 훨씬 효과가 뛰어납니다.

바버라 매클린톡이 위대한 업적을 남기고 여성 단독으로는 최초로 노벨상을 수상한 비결은 무엇일까요? 바로 그녀가 자신의 일에 몰두하고 집중하는 힘이 남들보다 컸기 때문입니다.

♥ 남들이 뭐라 하든 이거다 싶으면 끝까지 매달려라

"바버라는 옥수수에 미쳤어."
"그깟 옥수수로 뭘 하겠다는 거야? 미친 짓이야."
"분명히 아무 성과도 얻지 못할 거야."

바버라가 몰두한 것은 옥수수였습니다. 바버라의 몰두하는 성격은 종종 주변 사람들에게 반감을 사기도 했습니다.

당시 유전을 연구하는 사람들은 박테리아나 초파리 등 좀 더 빨리 결실을 확인할 수 있는 대상을 많이 사용했습니다. 그러나 그녀는 대학 시절부터 줄곧 1년에 한두 번밖에 수확하지 못하는 옥수수를 연구 대상으로 삼았습니다.

바버라는 철이 들고 성장하면서 학문에 몰두하기 시작했고 결국 과학자가 되었습니다. 여러 가지 일을 열심히 해 본 결과, 혼자 집중할 수 있는 연구가 제일 재미있다는 것을 깨달았기 때문입니다. 이후 학업에 전념한 결과 그녀는 1927년 스물다섯의 이른 나이에 박사 학위를 받았습니다.

당시 여자는 대학도 잘 보내지 않던 시절이었습니다. 물론 여성 과학자들은 일자리도 얻기 힘들었죠. 바버라도 연구를 계속하는 동안 기본적인 생계를 해결할 일거리가 없어 늘 벽에 부딪쳐야 했습니다. 여성을 차별하는 사회 분위기 속에서 일거리를 찾기는 커녕 그녀를 시기하는 사람들에게 배척을 당하기도 했습니다.

"바버라는 알아듣지도 못하는 말만 늘어놓는 이상한 여자야."

"혹시 미친 거 아니야?"

이렇게 극단적으로 그녀를 소외시키는 사람들도 있었습니다.

하지만 그녀는 확신을 가지고 자신이 연구하는 옥수수 속에서 생명의 신비를 바라보았습니다. 인간 생명의 비밀을 밝혀낼 실마리가 옥수수 속에 들어 있음을 직감했지요. 바버라는 자신의 직감을 믿고 생명의 비밀을 바라본 것입니다.

누구에게나 자신의 일을 직감하고 확신하는 순간이 있습니다. 그런 순간이 오면 망설이지 말고 끝까지 매달릴 각오를 해야합니다.

한 우물을 파다가 그 땅 속에 물이 있는지 없는지 확인조차 해보지 않고 도중에 다른 땅으로 가서 다른 우물을 파기를 반복하는 사람은 하나의 우물도 얻을 수 없습니다. 우물을 파는 동안 내내 딴생각을 하고 건성건성 하는 사람도 어떤 성과도 얻을 수 없습니다. 우물을 파겠다는 목표 지점을 정했다면 적어도 그 안에서 물이 나오는지 안 나오는지 확인할 수 있을 때까지 매달려야합니다. 하나의 우물을 파서 성공한 사람은 다른 우물도 잘 파서 더 많은 것을 얻을 수 있습니다.

바버라는 스스로 원하는 길을 선택했고 자신이 선택한 길 때문에 평생 외롭고 힘겨운 길을 걸었습니다. 그러나 자신이 믿는 길이었기에 힘든 가운데서도 흔들리지 않았습니다. 덕분에 그녀는 시대를 앞서는 과학적 발견을 해낼 수 있었던 것입니다.

♥ 몰두와 집중, 지속적인 훈련이 필요하다

어느 날 옥수수 알의 세포를 현미경으로 관찰하던 바버라는 엄청난 사실을 알아냈습니다.

"놀라운 일이야, 유전자가 움직이다니!"

1951년, 그녀는 수년간의 연구 결과를 발표했지만 학계의 반응은 싸늘하다 못해 모욕적이었습니다.

"정말 터무니없는 이야기야. 유전자가 움직이다니!"

유전자는 염색체에 고정되어 있다는 고정관념에 젖은 당시의 과학자들은 그녀의 연구 발표를 철저하게 무시했죠. 그러나 수십 년이 흐른 뒤 세상은 그녀가 얼마나 놀라운 일을 해냈는지 확실하게 알게 되었습니다.

바버라 매클린톡은 여든이 넘어서야 평생 자신의 열정을 쏟은 연구 결과에 대해 인정받을 수 있었습니다. 그것은 인생을 다 바쳐 몰두한 연구에 대한 최고의 대가였습니다.

카로린스카 연구소의 닐스 린케르츠 교수는 이렇게 말했습니다.

"당신은 단순한 장비로도 위대한 발견을 이룰 수 있음을 보여 주었습니다."

한때는 그녀의 연구 업적을 인정하지 않던 세상이 이제 달라졌습니다. 그러나 정작 바버라는 노벨상 수상 소감을 이렇게 소박하게 말했습니다.

"나 같은 사람이 노벨상을 받는 건 참으로 불공평한 일입니다. 옥수수를 연구하는 동안 나는 모든 기쁨을 누렸습니다. 아주 어려운 문제였지만 옥수수가 해답을 알려 준 덕분에 이미 충분한 보상을 받았거든요."

좋아하는 일에 몰두하고 집중하는 그 순간은 무엇보다도 자신의 마음을 풍요롭게 하는 기쁨입니다. 좋아하는 일을 평생토록 할 수 있는 것 자체가 인생을 풍요롭게 합니다. 더 나아가 세상은 그런 사람에게만 대가를 지불해 줍니다.

"농장에 빽빽하게 늘어선 옥수수 하나하나에 이름을 붙여 주고 틈틈이 말을 걸었어요. 그랬더니 옥수수가 세포 안에서 일어나는 신비한 생명 현상을 친절하게 알려 주더군요."

바버라는 어떤 대가를 바라서가 아니라 스스로 좋아하는 일에 노력과 에너지를 쏟으며 과정 자체를 즐겼습니다. 그녀는 시류에 편승하거나 이리저리 떠도는 기회주의자가 아니었습니다. 그 누구의 말에도 흔들리지 않고 스스로 확신하고 선택한 길에 집중하며 묵묵히 옥수수 하나만 파고들어 위대한 발견을 해낸 것입니다.

물론 처음부터 집중력이 뛰어난 사람은 흔치 않습니다. 성장하면서 그러한 능력을 점점 키워 나가는 것이죠.

어릴 때는 공부를 못하다가 중고등학교에 가서 두각을 드러내는 학생들이 있는데, 그런 학생들을 보고 어른들은 "문리가 터졌다"고 말합니다. 그런 학생들은 자라면서 공부에 재미를 붙여서 몰두하는 능력을 가지게 된 경우입니다.

어떤 일을 하는 순간순간 몰두하는 힘을 기른다면 남보다 적은 시간을 투자해서도 좋은 성과를 얻을 수 있습니다.

여러분에게는 집중할 목표가 있습니까? 각자 자신만의 목표를 찾아서 그 목표를 진심으로 사랑하고 목표와 함께 노력하는 과정 자체를 즐기고 사랑해 보십시오. 여러분의 사랑을 듬뿍 받은 목표가 인생과 성공의 비밀을 알려 주기 위해 머지않아 말을 걸어 올 것입니다.

Secret Summary

♥ **목표는 생각하는 게 아니라 가슴에 그리는 것이다.**

되고 싶은 나의 미래 모습을 영화의 스틸 컷처럼 구체적이고 멋지게 그려서 가슴에 새기십시오.

♥ **나만의 이미지를 날마다 '그리고' '쓰고' '믿어라'.**

꿈을 이룬 장면을 나만의 스틸 컷으로 찍어 두고 날마다 꺼내어 보고 이루어진다고 믿으십시오. 세계적인 힐턴 호텔의 창업자 콘래드 힐턴도 종업원일 때 호텔 사장이 된 모습을 날마다 상상하며 시련을 이겨 냈습니다.

♥ **간절히 상상하면 모든 상황이 나를 중심으로 돌아간다.**

자신의 목표를 간절히 소망하십시오. 나의 간절한 기도가 하늘에 닿아야 하늘도 나를 돕기 시작하니까요.

♥ 분명한 목표는 자신의 전력을 끌어올려 준다.

분명한 목표는 나의 잠재력을 끌어올려 줍니다. 평소에는 할 수 없다고 생각했던 일도 목표가 분명해지면 도전할 용기가 생깁니다.

♥ 할 수 없는 일이라고 속단하지 마라, 목표가 있다면!

할 수 없는 일이라고 속단하지 마십시오. 분명한 목표를 세운 나는 어제의 내가 아니라 가능성을 열어 가는 새로운 나입니다.

♥ 프로는 아름답다. 꿈을 이룬 프로는 더 아름답다.

자신의 분야에서 실력을 다진 프로는 아름답습니다. 그러나 인생에서 자신의 꿈을 이룬 사람은 더 멋지고 아름답습니다.

♥ 자신을 감동시키는 프로가 돼라.

열심히 노력하는 모습으로 누구보다도 나 자신을 먼저 감동시키십시오. 스스로 감동할 정도로 노력하는 사람만이 진정한 프로가 될 수 있습니다.

♥ 나 자신에게 투자하라. 프로는 만들어진다.

나 자신에게 투자하십시오. 어린 시절부터 최고의 가수가 되기 위해 자신의 에너지와 시간을 투자한 '보아'처럼, 프로는 만들어지는 것입니다.

♥ 몰입하라. 평범한 사람도 천재성을 발휘하게 된다.

자신이 하는 일에 몰입하는 사람은 생각지도 못한 놀라운 성과를 이뤄 냅니다. 천재들은 한 가지 일에 남들보다 두 배 세 배 집중함으로써 영감을 얻은 사람들입니다.

♥ 몰두와 집중, 지속적인 훈련이 필요하다.

집중력은 하루아침에 생기는 게 아니라 지속적으로 훈련해야 기를 수 있습니다. 집중력이 생기면 짧은 시간에도 효과적인 성과를 낼 수 있습니다.

3장

열정의 비밀

열정이란 꿈을 향해 타오르는 불길
열정이 있는 사람은 아무것도 두려워하지 않는다
열망하라, 바닥에서 시작해도 꿈을 현실로 만들 수 있다
이기려 하지 말고 이루어라

열정이란
꿈을 향해 타오르는 불길

♥ 바로 지금 이 순간부터 시작하라!

"잠시만요, 잠깐만!"

시간이 별로 없었습니다. 제2차 세계대전이 한창일 때, 미국의 루스벨트 대통령은 소련에 특사를 보냈고, 그 특사를 따라 취재를 온 이 여성은 카메라를 꼭 쥔 채 잔뜩 긴장했습니다. 역사에 남을 명장면이 지금 이 순간 탄생하느냐 마느냐가 자기 손에 달려 있었습니다.

상대는 공산권의 최고 권력자인 스탈린. 그는 딱딱한 얼굴로 그녀가 꺼내는 카메라를 못마땅하다는 듯 바라보며 이렇게 말했습니다.

“나는 사진 찍히는 것을 별로 좋아하지 않습니다.”

불쾌한 기분을 드러내는 스탈린 앞에서 그녀는 서둘러 카메라를 조립하고 섬광 전구를 꺼내기 위해 가방을 열었습니다. 그런데 그만 실수로 전구들이 와르르 쏟아졌습니다.

“이런, 이를 어쩌지!”

난감해하는 그녀를 보고 근엄한 표정으로 앉아 있던 스탈린의 얼굴에 순간적으로 ‘피식’ 웃음이 새어 나왔습니다.

그때였습니다. 카메라 플래시가 터졌습니다. 스탈린이 웃는 순간을 놓치지 않고 그 여성이 재빨리 셔터를 누른 것이지요.

셔터를 누르는 손가락 끝에 그녀의 인생 모든 것이 담겨 있었습니다. 손가락뿐만 아니라 온몸 전체가 한 가지 목표, “스탈린의 얼굴을 제대로 찍어 내겠다”는 강한 열망으로 가득 차 있었습니다.

소련 모스크바로 달려가 스탈린을 멋지게 찍어 낸 여기자 마거릿 버크화이트. 그녀가 찍은 스탈린 사진은 「라이프」지에 실렸고, 그것은 그 잡지의 첫 특종이자 세계의 특종이 되었습니다.

사진 속에는 세계에서 유일하게 웃고 있는 스탈린이 담겨 있었지요. 사람들은 그 사진에 '스탈린의 미소'라는 이름을 붙여 주었습니다.

꿈이 있을 때 우리는 열정을 품게 됩니다. 무언가를 이루고 싶다는 간절한 마음, 무엇인가를 갖고 싶다는 뜨거운 마음, 그것이 열정이죠.

마거릿은 「뉴욕 타임즈」와의 인터뷰에서 이렇게 말했습니다.

"나에게 닫힌 문만큼 매력적인 것은 없다. 나는 그 문을 여는 최초의 사람이 되고 싶었고, 그래서 문이 열릴 때까지 카메라를 쉬게 할 수 없었다."

꿈을 이루고 무엇인가를 성취한다는 것은 미래의 문을 여는 일과 같습니다. 열정을 환상이 아니라 현실로 만들기 원한다면 바로 지금 가슴속 열정을 꺼내 불을 지피십시오.

"다음에는 이렇게 해야지, 저렇게 더 열심히 하면 되겠지." 하는 미래형의 계획은 아무런 소득 없는 마음으로만 끝나는 경우가 많습니다.

좋아하는 사람을 바라보기만 한다면 그 사람은 결코 나와 인연을 맺을 수 없습니다. 꿈도 마찬가지입니다. 꿈을 이루기 원한다면 마음속 열정을 꺼내 써야 합니다. 바로 지금 말입니다. 내일, 또는 다음에라는 여지를 남기는 마음은 열정이라 할 수 없습니다.

마거릿이 스탈린을 마주한 그 순간 온 열정을 기울여 셔터를 누른 것처럼 매 순간을 열정으로 채워 보십시오. 미래가 아니라 현재, 바로 지금 이 순간의 열정들이 모여 여러분의 미래의 문을 열어 줄 것입니다.

♥ 열정이 기회를 만든다, 기회보다 먼저 열정을 잡아라

"선생님을 취재하기 위해 나도 물레 잣는 법을 배웠습니다. 선

116

생님께서 물레를 잣는 것은 독립을 향한 굳은 의지를 표현하는 것이라 생각합니다."

마거릿 버크화이트가 간디를 취재하며 한 말입니다. 인도의 위대한 영혼이라 불리는 간디가 물레를 잣다 말고 신문을 보는 모습이 담긴 '물레와 간디'라는 사진은 간디를 찍은 사진 중 최고의 걸작이라 평가받고 있습니다. 마거릿은 간디가 유일하게 신뢰하고 접근을 허락한 기자였지요.

"물레 잣는 사람을 찍고 싶으면 그가 왜 물레를 잣는지 생각해 보세요. 이해한다는 것은 찍는 일만큼 중요하니까요."

마흔두 살의 그녀는 간디를 제대로 취재하기 위해 간디를 만나기 전부터 직접 물레 잣는 법까지 배웠습니다. 간디는 마거릿의 열정을 신뢰했고, 죽는 날까지 마거릿의 인터뷰만은 거절하지 않았지요.

1948년 1월, 오랫동안 간디와 친분을 유지하던 마거릿은 간디의 신념과 인도에 대한 진솔한 마음을 취재할 수 있었습니다.

그런데 몇 시간 뒤 간디는 반 이슬람 극우파 청년의 손에 암살당했으니, 마거릿은 간디의 이야기를 깊이 있게 취재한 마지막 기자가 된 셈입니다.

마거릿은 한국전쟁 당시 한국으로 와서 전쟁의 참상을 찍기도 했습니다. 그녀는 어느 날 젊은이들의 시신을 부여잡고 통곡하는 할머니들의 모습을 카메라에 담았는데, 이 '흐느끼는 여인들'이라는 사진은 전쟁의 참상을 생생하게 보여 주는 걸작으로 유명해졌습니다.

마거릿은 산업디자이너였던 아버지의 영향으로 사진과 어릴 적부터 친해졌고, 사진기를 가지고 놀기도 했습니다. 마거릿이 사진을 찍기로 하고 제일 먼저 달려간 곳은 제철소였습니다. 기계적인 공간 속에 뿜어지는 불꽃을 담아 낸 이때의 사진들이 계기가 되어 그녀는 「포천」지에서 사진 찍는 일을 의뢰받았습니다.

그러나 마거릿은 유명한 사진 기자가 되기 위해 노력하지 않았습니다. 단지 사진 한 컷에 자신의 모든 인생을 담듯 진지하고 열정적으로 피사체를 담아 냈을 뿐이지요. 마거릿의 사진 속에는 열정이 살아 있습니다. 그래서 사람들은 그녀의 사진을 통해 진실을 발견하고 역사적 사건을 목격하며 감동을 받았던 것입니다. 마거릿의 사진들이 걸작으로 평가받는 이유는 무엇일까요? 그것은 위험한 전쟁터까지 달려가는 열정, 물레 잣는 법을 배우는 노력이 사진에 담겨 있기 때문입니다. 마거릿의 사진처럼 여러분의 인생을 걸작으로 만들고 싶다면 진정한 '열정'이 있어야 합니다.

사람들은 좋은 기회를 잡아 성공을 이루려고 합니다. 그러나 좋은 기회는 기회를 따라다니는 사람에게는 절대 다가오지 않습니다. 기회를 기다리지 말고 자신이 하고자 하는 일에 열정을 가지고 발로 뛰어야 합니다.

열정은 나의 노력을 남다르게 해주고 결과를 빛나게 만들어줍니다.

세계대전 당시 여성 최초의 미군 공식 사진 기자, 해군 수송선이 해상에서 어뢰를 맞고 침몰하는데도 끊임없이 셔터를 눌러 대던 기자, 공습당하던 모스크바를 죽음을 무릅쓰고 취재한 유일한 기자, 나치 수용소에 갇힌 유대인의 참상을 생생하게 사진으로 폭로한 가장 위대한 사진 기자 마거릿 버크화이트.

마거릿은 한창 활발하게 일하던 마흔다섯 살에 파킨슨 병 진단을 받고 몸이 굳어 가는 병마와 18년 동안 싸웠습니다. 그럼에도 사진기를 놓지 않은 그녀는 '우리 시대 가장 완벽한 기록주의자'로 불리지요.

"나는 차마 눈 뜨고는 못 볼 것 같은 비참한 광경을 여러 번 보았어요. 주저앉아 울고 싶을 때도 있었고, 너무 괴로워서 그 자리를 피할 때도 있었지요. 그러나 나는 사진기를 들고 다시 그 자리로 돌아갈 수밖에 없었어요. '발견'하고 '기록'하고 '폭로'하는 것!

사진기를 통한 이 작업만이 내가 할 수 있는 유일한 일이었으니까요."

그녀의 삶은 사진에 대한 열정으로 가득 차 있었습니다.

하루하루 열심히 생활하는 것 같은데도 별다른 성과가 없다면 그것은 열정을 쏟지 않았기 때문입니다. 내가 애쓰고 수고하는 모든 행동을 한번 돌아보십시오. 꿈을 이루기 위해 필요한 부분들도 있고 그렇지 않은 일들도 있을 것입니다.

매사에 열심히 임하는 자세도 훌륭하지만 더욱 중요한 것은 목표 의식을 가진 열정입니다. 다양한 일에 분산된 나의 에너지를 모으고, 꿈을 이루는 데 필요한 일에 열정을 쏟으십시오. 그러면 한층 구체적인 가능성들을 찾을 수 있습니다. 하나의 열정이 작은 돌파구를 만들어 주고, 그런 열정들이 모여 성과를 내기 시작합니다. 그리고 작은 성과들이 모여서 내 인생의 물꼬를 터 주며 큰 길을 만들어 줄 것입니다.

열정이 있는 사람은
아무것도 두려워하지 않는다

"꿈에 대한 열정은 어려움을 참고

이겨 낼 수 있게 이끌어 주는 힘이 됩니다.

좋은 환경이더라도 열정이 없는 사람은 꿈을 놓치지만,

열정이 있는 사람은 어려운 환경까지도 열정으로 녹여 버립니다.

열정이 있는 한 그 무엇도 두렵지 않기 때문입니다."

♥ 열정은 죽음보다 강하다

"나는 약혼자 알레한드로와 함께 버스에 탔다. 잠시 후 우리가 탄 버스와 기차가 충돌했다. 묘한 충돌이었다. 소리 없이 천천히 일어난 사고는 버스 안의 모든 승객을 제멋대로 질질 끌고 다녔다. 특히 나를. 우린 처음엔 사고 버스 앞에 도착한 버스를 탔었다. 버스에 타자마자 내가 양산을 잊어버린 것을 알고 버스에서 내렸다. 결국 그다음 차인 사고 버스를 탔고, 내 몸은 만신창이가 되었다. 사고 당시에 심한 충격을 느꼈다거나 눈물을 흘렸다는 건 거짓말이다. 전혀 눈물이 나지 않았다. 충돌은 버스의 앞쪽이 부딪치며 일어났고, 마치 투우사의 칼이 투우를 찌르듯 버스 안의 손잡이 철봉이 나를 '관통' 했다."

우연한 교통사고는 평범하면서도 행복한 인생을 꿈꾸던 18세 소녀의 삶을 온통 아수라장으로 만들어 버렸습니다.

"저 소녀 좀 봐요. 등에 무언가 박혔어요!"

"빨리 뽑아내야 해요."

"어휴, 끔찍해라!"

몸을 관통한 철봉을 뽑아내는 순간 소녀는 온몸을 찢는 고통을 느꼈습니다. 그리고 급하게 달려오는 구급차의 사이렌 소리를 덮어 버릴 만큼 격렬하게 울부짖었습니다.

제3·제4 요추 골절, 골반 뼈 세 군데 골절, 오른발 열한 군데 골절, 왼 팔꿈치 탈구, 복부에 깊은 상처, 심한 복막염 등…….

사고 당시 버스 철봉은 소녀의 등과 왼쪽 둔부를 거쳐 자궁을 관통했습니다. 모두 그녀가 살지 못할 것이라고 했습니다.

소녀는 약혼자와 헤어지고, 평생 자신을 따라다닐 감옥과도 같은 고통을 만납니다. 도망가려 해도 도망갈 수 없는, 죽을 때까지 심한 후유증으로 자신을 괴롭힐 고통이 온몸에 덕지덕지 붙은 것입니다.

우리 인생에는 예상치 못한 변수가 너무나 많습니다. 때로는 영화보다 더 극적이고 믿기 힘든 일들이 일어나기도 합니다. 작은 시련은 작은 혼란만 줄 뿐이지만 감당할 수 없을 만큼 힘든 시련은 인생을 포기하게 만들기도 합니다.

그러나 아주 소수의 사람들은 커다란 시련을 만나도 주먹을 불끈 쥐고 시련과 당당하게 맞서 싸웁니다. 열정은 때로 죽음보다도 강하기 때문에 아무리 고통스러워도 포기하지 않는 것입니다. 아니, 포기하려 해도 포기가 되지 않습니다. 열정이 살아 있는 한 말입니다.

죽음의 목전까지 다녀온 소녀, 철봉과 파편들이 온몸을 찢어버린 그 소녀 역시 그러했습니다. 몸은 망가졌어도 소녀의 열정은 죽지 않았습니다. 그 소녀는 바로 훗날 멕시코를 대표하는 천재 화가가 된 프리다 칼로입니다.

불꽃같이 살다 간 멕시코의 천재 화가 프리다 칼로.

프리다 칼로는 굵고 진한 눈썹, 멕시코의 태양이 만들어 준 구릿빛 피부, 조금은 고집스러워 보이는 입술, 그러나 무언가에 대한 갈망으로 가득 찬 눈빛, 생각에 잠긴 듯한 표정, 온갖 상처를 안고 있으면서도 소리 내어 울지 않는 당당하고 강한 분위기를 가진 여자였습니다. 프리다는 평생 병원을 드나들며 수십 번의 수술을 해야 했고, 마지막에는 괴저병으로 다리를 절단해야만 했지요. 단 한 순간도 고통에서 벗어날 수 없었습니다.

그런데 프리다는 고통을 회피하려 하지 않고 오히려 자신의 모습을 그대로 화폭에 담았습니다. 그녀는 병상에서 누운 채로 그림을 그렸고, 몸을 지탱하기 위해 커다란 철제 코르셋으로 가슴과 등을 뒤덮은 탓에 앉아 있기도 힘든 상황에서도 그림을 그렸습니다. 그녀의 고통은 단순히 육체적 고통으로 끝나지 않았습니다. 모두 그림이 되어 다시 태어났지요.

그녀의 그림은 때로는 온몸에 화살을 맞은 사슴의 모습으로, 때로는 피를 흘리며 울고 있는 모습으로, 그리고 침대 밖으로 머리카락이 흘러내려 마룻바닥을 기어가는 뿌리의 형상으로 나타났습니다. 사람들은 그녀의 그림을 보고 섬뜩할 만큼 선명한 피의 흔적과 고통의 눈물을 느낄 수 있었습니다.

"프리다는 미술사상 전례 없는 걸작을 연달아 제작하기 시작했습니다. 고통을 화폭에 담은 여성은 이제껏 아무도 없었어요."

그녀의 남편이자 당대 최고의 멕시코 화가로 이름을 날리던 디에고 리베라는 프리다의 그림에 대해 이렇게 말했습니다.

모든 일에는 양면이 있습니다. 무언가를 얻으려면 반드시 그에 상응하는 대가를 치르기 마련이죠. 언뜻 보기에는 쉽게 성공한 것처럼 보이는 사람들도 남모를 아픔을 갖고 있습니다. 운동선수든 연예인이든 보이지 않는 곳에서 배고픈 시절을 겪거나 고초를 겪으며 피나는 노력 끝에 화려한 지금의 모습을 만들어

낸 것입니다.

프리다 역시 그랬습니다. 자신의 작품을 완성하기 위해 그녀는 자신의 온몸과 인생을 바친 셈입니다. 아니, 그녀가 겪은 사고 자체가 화가로서의 그녀를 만들기 위해 신이 준 시련인지도 모릅니다. 끔찍한 고통이 없었다면 그녀는 남다른 초현실주의 작품 세계를 창조해 내지 못했을 테니까요.

운동선수가 새 운동복이 먼지에 더러워지는 것을 두려워한다면 결코 전력을 다해 뛸 수 없습니다. 몸을 사리고 주춤거리는 사이 기회는 사라지고 성공할 가능성도 줄어듭니다. 꿈을 향해 나아가는 사람이 몸을 아낀다면 꿈은 언제나 꿈으로 남을 것입니다.

♥ 두려워 마라, 패가 나쁘더라도 열정이 있다면 승산이 있다

그녀의 마지막 전시회에서 사람들은 긴장하며 예술가를 기다렸습니다. 곱게 단장한 프리다는 침대에 누운 채 전시회에 참석

했습니다. 일어나 앉을 수조차 없을 정도로 건강이 악화되었기 때문입니다. 그녀는 전시회에 온 친구에게 말했습니다.

"내가 하고 싶은 유일한 일은 그림을 그리는 일이었어. 그림 그리는 일! 아직도, 그리고 영원히……."

그해 프리다는 괴저병으로 다리를 절단하는 수술을 받고, 수술 후유증으로 폐렴에 걸려 점점 더 건강이 악화되었습니다. 그러면서도 그녀는 붓을 놓지 않았습니다. 사람들은 그녀의 건강을 염려하여 만류했지만 그녀는 듣지 않았습니다.

그녀는 자신의 인생은 패가 나빴다고 말했습니다. 누가 봐도 프리다의 인생은 파란만장한 고통과 사건의 연속이었지요. 그러나 그 모든 것을 그녀는 이겨 냈습니다. 그녀는 비록 언제나 고통에서 벗어나고 싶어 발버둥치는 약한 인간이었지만 그림을 그리고 싶다는 자신의 꿈 앞에서는 고통마저 화폭에 담은 열정적인 화가였습니다.

모든 사람이 온실의 화초처럼 평온한 환경에서 태어나 자랄 수 있는 것은 아닙니다. 인생의 패가 좋은 사람도 있고 나쁜 사람도 있습니다. 좋지 않은 패를 만났다고 해서 모든 사람들이 좌절하는 것은 아닙니다. 나쁜 패를 만났다고 두려워할 필요는 없습니다. 꿈을 이루고자 하는 열정이 있다면 승산은 충분하니까요. 아니 패를 극복하고자 하는 열정이 오히려 나를 발전시키는 계기가 되어 주기도 합니다. 프리다에게 닥친 불의의 사고와 끊임없는 고통이 그러했듯이 말입니다.

그녀는 살아 있을 때부터 20세기 미술사의 초현실주의 작가로 화려한 조명을 받았습니다. 사후에는 페미니즘 미술가로 재조명받기도 했습니다. 제3세계 여성이자 장애인이었고 그림을 통해 여성의 정체성을 극명하게 보여 준 화가로서 말입니다. 파란만장한 그녀의 일생은 영화나 소설로도 만들어져 후세 사람들을 매료시켰습니다.

사람들이 그녀의 그림과 삶에 매료되는 이유는 무엇일까요? 그것은 도저히 견딜 수 없을 것 같은 시련 속에서도 시련을 넘어 또 다른 자신만의 세계를 만들어 냈기 때문입니다.

열정이 있는 사람에게 시련이나 좌절은 자신의 꿈과 인생을 만들어 내는 재료에 불과합니다. 그들은 가만히 앉아서 미래를 두려워하는 대신, 꿈을 향한 열정으로 시련과 좌절조차 녹여 버리고 앞으로 나아갑니다.

나쁜 패를 만났다고 환경 탓을 하거나 원망하는 대신 그 에너지를 열정으로 바꾸십시오. 내가 만난 나쁜 패가 나를 커다란 그릇으로 성숙시켜, 더 많은 일을 이룰 고마운 기회로 변해 갈 것입니다.

열망하라, 바닥에서 시작해도 꿈을 현실로 만들 수 있다

"흔히 인생의 출발점이 달라서 세상이 불공평하다고들 합니다.

그러나 성공한 사람들이 평범한 사람들과 다른 점은 출발점이 아닙니다.

그것은 불리한 출발을 하고서도 포기하지 않고 골인 지점을

스스로 만들어 가는 열정입니다. 열정만 있다면

바닥에서 시작하더라도 창대한 미래를 만들 수 있습니다."

"선불금 15만 달러와 기술 지도료 7퍼센트를 내십시오."

세계적인 전기회사 필립스는 일본의 한 기업에 이렇게 조건을 제시했습니다. 일본은 제2차 세계대전 당시 미국의 진주만을 공습했다가 원폭 투하로 패전하고 연합군에 항복을 선언한 뒤, 황폐화된 국토와 산업을 다시 일으키려는 기지개를 겨우 펴고 있었지요. 그러니 당시 일본의 기술력은 세계적인 수준에서 볼 때 보잘것없었습니다. 필립스 사는 그런 점을 감안해 요구 사항을 전달한 것입니다.

"기술 지도료라고요? 우리가 당신네 회사에 기술 지도료를 내야 한다면 필립스는 우리 회사에 경영 지도료를 지불해야 합니다!"

요구 사항을 들은 일본 기업의 총수는 이렇게 말했습니다.

필립스는 작은 기업에 불과한 일본 기업 총수의 말을 받아들일 수 없었고 결국 협상은 결렬되었습니다. 그러나 1년 뒤 두 기업은 다시 만나 합작 회사를 설립합니다. 기술 지도료 4.5퍼센트, 경영 지도료 3퍼센트를 주고받는 조건이었습니다.

이 일본 기업은 일본 경제를 이끈 세계적 기업 마쓰시타 그룹입니다. 오랜 전통과 역사를 자랑하는 반도체 및 가전제품 생산 업체이지요. 이러한 마쓰시타 기업을 이끈 총수는 바로 오늘날 '경영의 신'이라 추앙받는 마쓰시타 고노스케입니다.

큰 성공을 거둔 사람과 기업을 보면 우리는 모두 화려한 현재의 모습만 생각하기 쉽습니다. 마치 처음부터 그런 요건을 다 갖추고 시작했으리라 착각하게 되지요. 그러나 마쓰시타 그룹도 처음에는 몇 평 되지 않는 작은 소규모 소켓 제작소로 시작했습니다. 창립자 마쓰시타 고노스케는 초등학교도 마치지 못한 가난한 소년에 불과했습니다.

그는 아버지가 장사에 실패해서 집안이 어려워지자 초등학교를 중퇴할 수밖에 없었습니다. 어린 나이에 그는 닥치는 대로 일을 해서 돈을 벌었습니다. 그러나 11세 때 아버지가 돌아가시고 18세 때 어머니마저 세상을 떠났습니다.

모든 것이 갖춰진 상태에서 인생을 시작할 수 있는 사람은 참으로 복받은 사람이겠지요. 그러나 중요한 것은 출발이 아니라 골인 지점입니다. 출발점에 연연하는 사람은 끝까지 달리지도 못하고 중도에 뒤처지거나 낙오하게 됩니다. 아무리 유리한 환경을 가졌다 한들 최후의 골인 지점에서 울게 된다면 무슨 의미가 있겠습니까?

남보다 보잘것없는 시작을 안타까워할 필요는 없습니다. 그런 소심한 마음은 자신의 가능성을 스스로 죽이는 일입니다. 현재의 내 위치가 못마땅하다고 해서 꿈까지 작게 가질 필요는 더더욱 없습니다. 지금은 미약한 존재라 할지라도 미래에는 커다란 영향력을 가진 사람이 될 수 있습니다.

꿈을 이루겠다는 열정만 있다면, 아주 작은 시작이라 하더라도 창대한 미래를 만들어 갈 수 있습니다.

"굶어 죽지 않으려면 무슨 일이라도 해서 돈을 벌어야 해!"

소년 마쓰시타는 하루 일하지 않으면 하루를 굶어야 할 정도로 궁핍했습니다. 공부를 하거나 학교에 다니는 것은 소년에게 꿈도 꿀 수 없는 사치였습니다. 굶어 죽지 않고 살아남아야 했으니까요. 그래서 점원, 심부름꾼 등 가리지 않고 닥치는 대로 열심히 일을 했습니다.

그에게 남다른 점이 있다면 그것은 가난 속에서도 열정으로 깨어 있었다는 점입니다. 그는 가난과 싸우면서도 늘 새로운 아이디어를 생각해 냈습니다. 더 나은 미래를 위해 끊임없이 생각하고 발전을 도모했지요.

조금씩 모은 돈으로 작은 가게를 꾸리게 된 마쓰시타는 어느 날 전기 수리를 나갔다가 소켓 하나를 놓고 서로 먼저 꽂겠다고 자매가 다투는 것을 보게 됩니다.

"소켓은 꼭 하나짜리여야만 할까? 쌍소켓이 있다면 저렇게 싸우지 않고도 모든 문제가 해결될 수 있을 텐데!"

그는 아이디어를 곧장 실행에 옮겨 쌍소켓을 개발합니다.

뿐만 아니라 밤에는 손전등을 들고 자전거를 타고 다녀야 하던 시절, 자전거에 부착할 수동 전력 조명을 개발하기도 했습니다.

자신이 하는 일에 남다른 열정이 있던 마쓰시타는 주변의 모든 사물을 자신의 일과 연결해서 생각했고, 그런 가운데 중요한 아이디어들을 얻을 수 있었던 것입니다.

"나는 실패한 적이 없다. 어떤 어려움을 만났을 때 거기서 멈추면 실패가 되지만, 끝까지 밀고 나가 성공하면 실패가 아니기 때문이다."

만약 그가 하루하루 겨우 먹고사는 것에 만족했다면 오늘날 경영의 신이라 추앙받는 마쓰시타는 없었을 것입니다. 세계적인 기업 마쓰시타 역시 탄생하지 않았을 것입니다.

마쓰시타는 현실에 안주하지 않고 열정을 불태웠습니다. 좀 더 나은 미래를 향해 끊임없이 발전한 것입니다. 열정이 있다는 것은 막연히 '하고 싶다'는 마음만 간직하는 것이 아닙니다. 적극적으로 내 주변의 모든 상황을 꿈을 이루는 일과 연결해서 발전을 이루어 나가야 합니다. 우스갯소리로, 당구를 처음 배울 때는 잠잘 때도 천장에 당구공이 보인다고들 합니다. 공부에 열정이 있을 때는 꿈에서도 수학 공식이 보일 수 있습니다.

꿈에 열정이 있는 사람은 오늘보다 하나라도 발전된 내일을 위해 매일 긴장하고 매 순간 작은 성과라도 이루기 위해 노력합니다. 열정이 있다면 무슨 일이든지 가능합니다.

"단 한 사람도 해고하는 일은 없습니다. 종전대로 월급의 전액을 지불할 것입니다. 공장에서는 반나절만 일하고 남은 반나절에는 우리 모두 재고 판매에 전력을 다합시다. 힘을 합쳐 위기를 극복해야 합니다."

마쓰시타는 회사가 어려울 때도 직원을 함부로 해고하지 않는 인간적 경영으로 더욱 존경을 받았습니다. 1929년 일본 경제가 불안하여 도산하는 기업이 줄줄이 이어졌을 때도 마쓰시타는 인원 감축은 생각지도 않았고, 이에 감동한 직원들은 더욱 열심히 일해서 위기를 극복했습니다.

그는 어린 시절 부모를 잃고 가난을 극복하기 위해 열심히 일한 소년이었고, 작은 가게를 사업으로 키워 가며 기발한 발명들을 해낸 청년 실업가였고, 인간경영을 실천하며 세계적인 대기업을 일군 경영의 신이었습니다.

마쓰시타는 현실에 안주하지 않고 미래에 대한 열정을 가지고 있었습니다. 그래서 그는 그때그때 자신의 위치에서 그에 맞는 열정을 품고 한 단계씩 꿈을 향해 올라선 것입니다.

한 단계 올라선 다음 안주한다면 꿈을 이룰 수 없습니다. 학창 시절에는 학창 시절의 열정을, 사회에 나가서는 사회인으로서의 열정을 구체적으로 발휘해야 합니다.

"나는 집이 몹시 가난해서 어릴 적부터 구두닦이나 신문팔이 같은 일을 하면서 세상살이에 필요한 많은 경험을 쌓을 수 있었어요. 태어났을 때부터 몸이 몹시 약했기 때문에 항상 운동에 힘써 건강을 유지했지요. 초등학교도 못 다녔기 때문에 모든 사람을 나의 스승으로 여기고 누구에게나 물어 가며 배우는 일을 평생 게을리 하지 않았고요. 그래서 나는 성공할 수 있었어요."

마쓰시타는 이렇게 자신의 성공 비결을 밝혔습니다.

이처럼 열정이 있는 사람은 자신이 처한 여건 속에서 최선을 다해 한 단계씩 나아갑니다.

중요한 것은 우리에게 얼마나 힘든 일이 닥치느냐가 아닙니다. 힘든 일은 언제든지 닥칠 수 있는 우연과 같은 것이므로 피하거나 막을 수 없습니다. 정말 중요한 것은 그런 일이 닥쳤을 때 '어떻게 대처하느냐' 입니다.

미래에 대한 목표가 분명하다면, 남다른 인생을 살고 싶다는 멋진 욕심이 있다면, 열정을 창조하십시오. 샘물처럼 솟는 열정이 나를 뒤흔드는 시련이나 어려움 속에서도 꿈을 포기하지 않게 도와줄 것입니다.

가난한 소년에서 세계적인 대재벌의 위치까지 올라선 마쓰시타처럼, 지치지 말고 날마다 한 계단씩 올라서기 위해 새로운 열정으로 여러분을 업그레이드하십시오. 열정은 샘물과 같아서 다 써 버렸다고 동이 나는 게 아니라 갈망하는 사람에게는 끊임없이 다시 솟아나기 마련입니다. 바닥에서 시작한 인생일지라도 화려한 성공의 길로 이끄는 비결은 바로 '열정' 에 있습니다.

이기려 하지 말고 이루어라

"축구선수를 꿈꾸던 어린 시절,

과학자를 동경하거나 멋진 소방관이 되겠다며 들뜨던 순간.

그때의 첫 떨림을 혹시 기억하십니까?

미래의 꿈을 상상하며 가슴 설레던 처음의 열정을 기억해 보십시오.

순수한 열정은 이기려고만 하는 경쟁심이나 차가운 오기보다 강합니다."

♥ 가슴 설레던 열정의 순간을 기억하라

"페루 땅에 살던 백인족은 나라가 망하자 뗏목을 타고 태평양을 건너갔습니다. 그리고 폴로네시아의 외딴 섬에 정착해 남아메리카에서 누리던 문명을 다시 건설하고 살다가, 훗날 북쪽에서 내려온 구릿빛의 아시아 인들에게 정복되었습니다."

"그러니까 잉카 인들이 남아메리카에서 태평양을 횡단해 폴로네시아까지 갔다는 말이 아닌가? 그걸 지금 나더러 믿으란 말인가? 당시에는 태평양을 건널 수 있는 배 자체가 없었어!"

"뗏목이 있었습니다. 발사나무로 만든 뗏목이!"

"하하하, 뗏목으로 어떻게 태평양을 건널 수 있겠는가? 그렇게 믿는다면 자네가 뗏목을 타고 태평양을 건너 보이게나. 상어 밥이 되기 딱 십상이야. 자네 생각은 틀렸네.”

1946년, 청년 인류학자 토르 헤위에르달은 자신의 학설을 주장하다가 웃음거리가 되었습니다. 그러나 그는 세상의 편견을 받아들일 수 없었습니다.

이 넓은 태평양에 드문드문 떨어진 섬들의 토박이들은 도대체 어디서 왔을까? 왜 백인의 피가 섞인 것처럼 흰빛을 띤 사람들이 그 섬에 살고 있을까? 왜 이 섬들의 석상이 남아메리카의 석상들과 비슷할까? 어느 날 다른 종족의 침략을 받아 살아남은 사람들을 데리고 바닷가로 달아나 사라졌다는 콘티키 족의 전설은 도대체 무슨 의미이며, 콘티키 족은 바다로 도망친 다음 도대체 어디로 사라진 것일까? 이런 의문들이 그를 사로잡았던 겁니다.

“그래, 내가 해 보는 거야. 그 옛날 잉카 인들에게 발달된
문명을 전수하고 바다를 건너 폴로네시아에 정착한 전설

토르는 자신의 학설을 증명하기 위해 남태평양 횡단을 결심합
니다. 그 옛날 전설 속의 콘티키 족이 했던 것처럼 바다를 건너기
로 말입니다. 토르는 가슴이 설렜습니다. 한편으로는 두렵기도
했지만 강한 확신이 가득 차올랐습니다.

이렇게 해서 토르 헤위에르달의 목숨을 건 항해가 시작되었습
니다. 항해 거리는 8,000킬로미터. 미국 시카고에서 러시아 모스
크바에 이르는 거리였습니다. 자신이 믿는 것을 세상 앞에 증명
해 보이기 위한 커다란 도전이었지요.

위대한 역사는 이렇게 누군가의 순수한 열정에서 시작합니다.
세상이 기억하는 것은 위대한 결과뿐이지만 좀 더 자세히 들여
다보면 그 시작점은 가슴속에서 일어나는 순수한 열정임을 알
수 있습니다.

꿈을 향해 항해를 시작하는 사람이라면 처음 꿈을 품던 열정

의 순간을 잊지 말아야 합니다. 길고 긴 항해를 하는 동안 나를 지탱해 주고 초심으로 돌아가게 해 주는 것은 바로 열정의 첫 설렘에 대한 기억이니까요.

무슨 일을 하든 힘든 순간이 닥치면 생각해 보십시오. 처음 꿈을 가슴에 담던 그 순간을! 초심으로 돌아가 열정을 회복한다면 힘든 시기를 지혜롭게 넘길 수 있습니다.

♥ 경쟁하지 말고 세상의 중심에서 나를 외쳐라

토르는 옛날 백인족이 탄 것과 똑같은 뗏목을 만들었습니다. 전설 속의 그들과 똑같이 만들기 위해 토르는 페루의 밀림을 뒤져서 힘들게 발사나무를 찾아내 뗏목을 만들고, 전설을 따라 '콘 티키 호'라 이름 지었습니다.

함께 항해를 하겠다고 나선 사람은 여섯 명이었습니다. 모두 순수한 열정으로 뭉친 사람들이었지요. 드디어 1947년 4월, 콘티키 호는 옛날 백인족들처럼 페루의 항구를 떠나 남태평양으로 향했습니다.

끊임없이 노를 젓고 폭풍우와 싸우기도 하며, 때로는 상어 떼와 싸우고 허기로 힘들어하면서, 때로는 암초에 부딪치면서 그들은 항해를 계속했습니다. 그러면서도 믿음을 버리지 않았습니다. 그들은 끝없이 흐르는 훔볼트 해류가 그들을 페루에서 남태평양으로 실어다 주리라는 것을 의심하지 않았습니다. 가벼운 발사나무로 만든 뗏목은 옛사람들의 지혜를 말해 주듯 어떤 상황에서도 뒤집히지 않았습니다.

태평양 한가운데 작은 뗏목 하나, 그것은 하나의 점에 불과했습니다. 그 위에 탄 일곱 사람이 파도에 휩쓸려 사라진다 해도 누구 하나 알지도 못할 만큼 그들은 문명 세계에서 멀리 떨어져 있었습니다.

"죽으면 안 돼. 우리 중 누구 하나라도 죽어서는 안 돼!"

그들은 그렇게 서로를 위로하면서 처음 항해를 시작했을 때의 믿음을 되새겼습니다. 분명 언젠가는 남태평양의 섬에 다다를 수 있으리라고 말입니다. 콘티키 호를 타고 남태평양의 섬에 나타난 전설 속의 백인족들처럼.

끊임없이 넘실대는 파도가 가득한 망망대해를 향해 토르는 자신의 꿈을 이야기했습니다. 그는 세상의 중심에 서 있었지요. 아무도 들어주지 않더라도 그는 자신에게 끊임없이 속삭였습니다. 전설 속의 그들도 나와 똑같은 바닷길을 건너 남태평양에 당도했다고, 그 믿음을 저버릴 수 없다고 말입니다.

세상 가운데 혼자 선 점 하나, 토르 헤위에르달. 그는 꿈을 향해 항해를 했고, 세상의 중심에 서서 자신의 꿈을 외쳤습니다.

꿈을 향한 열정은 세상과 나의 비밀 이야기와도 같습니다.

우리 주위에는 성공을 향해 혹은 어떤 성과를 얻기 위해 경쟁을 벌이고 누군가를 이기는 데 급급한 사람들이 있습니다. 그러나 꿈을 향한 열정이란 그런 경쟁심과는 다릅니다. 경쟁심에 연연하는 사람은 꿈을 향해 걸어가는 과정 자체를 사랑하지 못하고 결과에만 집착하게 됩니다. 그런 사람은 순수한 열정이 없기 때문에 작은 실패에도 짜증내고 경쟁자를 미워하다가 결국 최고가 되지 못합니다.

토르 헤위에르달은 경쟁에서 이기고 무언가를 차지하기 위해서가 아니라 자신의 꿈을 스스로 증명하려는 열정으로 목숨을 건 항해에 나섰습니다. 이처럼 진정으로 꿈을 이루는 사람은 경쟁자를 이기는 데 초점을 맞추는 게 아니라 자신의 꿈에 초점을 맞춥니다. 그것이 '순수한 열정'입니다.

지나친 경쟁심으로 누군가를 미워하고 이기려고만 하기보다는 세상의 중심에서 나를 외치십시오. 지금은 세상이 나의 외침을 듣지 못할지라도 꿈을 향해 열정적으로 걸어가다 보면 나의 외침이 세상에 울려 퍼지고, 세상이 먼저 내게 손을 내밀 것입니다.

나의 순수한 열정이 세상에 가 닿는 순간 세상도 내게 손을 내밉니다. 사람들은 그것을 성공이라고 부릅니다.

"섬이다, 섬! 남태평양의 섬!"

토르는 항해를 시작한 지 100일 만에 육지를 밟았습니다. 한 사람의 낙오자도 없이 폴로네시아의 섬에 도착했지요. 그의 순수한 열정에 세상이 화답을 해 온 것입니다.

"토르 헤위에르달의 증명에 따라 폴로네시아 등 태평양 여러 섬들의 문명에 남아메리카가 영향을 미쳤음을 공식적으로 인정합니다!"

1961년, 호놀룰루에서 열린 제10차 태평양 과학회의에서는 만장일치로 이렇게 의결했습니다. 토르의 승리였습니다. 아니, 토르가 품은 순수한 열정의 승리였습니다.

토르는 그 뒤로도 항해를 계속해 나갔습니다.

1967년에는 '이집트 문명이 멕시코 동부 해안 지대로 전파되었다'는 가설을 증명하기 위해 직접 갈대로 만든 뗏목 '라'를 타고 대서양을 항해했습니다. 처음엔 실패했지만 다음 해 다시 '라 2호'를 타고 모험을 떠나 멋지게 성공했습니다. 1973년에는 '메소포타미아 문명이 인도양을 통해 인더스 문명에 영향을 미쳤다'는 사실을 증명하기 위해 갈대로 만든 '티그리스 호'를 타고 걸프 만과 인도양을 항해하기도 했습니다.

토르 헤위에르달은 이렇게 자신의 꿈을 위해 평생 순수한 열정을 증명해 보였습니다. 그에게는 오직 꿈과 자신만이 있었을 뿐입니다. 그의 열정적인 항해에 세상은 갈채를 보냈고, 영원히 위대한 도전자요 탐험가로 이름을 남기게 되었습니다.

"반드시 이겨야 하는 것은 아니지만 진실할 필요는 있다.
반드시 성공해야 하는 것은 아니지만 소신 있게 살아야
할 필요는 있다."

에이브러햄 링컨의 말입니다.

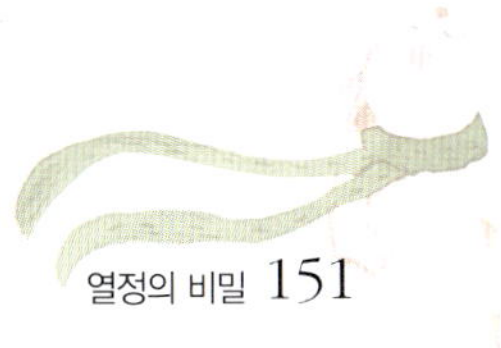

우리에게는 꿈이 있습니다. 꿈을 이루고자 하는 열정도 있습니다. 우리가 바라는 꿈을 이루는 것이 진정한 성공입니다.

우리가 바라는 것은 꿈을 이루는 것이지 누군가를 이기려는 것이 아닙니다. 최고만을 강요하는 냉혹한 현실을 살아가려면 독해져야 한다고 말하는 사람들이 있습니다. 그들은 순진하면 손해를 본다고들 충고합니다.

그러나 진실은 무엇보다 강합니다. 꿈을 이루겠다는 진심이 누군가를 이기겠다는 경쟁심이나 오기보다 큰 힘을 발휘한다는 것을 기억하세요. 경쟁심이나 오기는 일시적으로만 자신을 북돋울 뿐입니다. 시간이 조금 지나면 그런 마음 자체가 자신을 힘들고 지치게 할 뿐입니다.

이기려 하지 말고 이루려 하는 자가 마지막에는 꿈을 이룰 수 있습니다. 이기려고만 하는 마음보다 이루려 하는 이의 순수하고 진실한 열정만이 세상의 중심에 가 닿을 수 있습니다.

Secret Summary

♥ 바로 지금 이 순간부터 시작하라.

무언가를 이루려 한다면 내일로 미루지 말고 바로 지금 이 순간부터 시작하십시오. 즉각적인 행동이 나의 열정을 더욱 강하게 만들어 줍니다.

♥ 열정이 기회를 만든다. 기회보다 먼저 열정을 잡아라.

기회는 열정이 있는 사람에게 찾아옵니다. 좋은 기회부터 잡으려 이리저리 눈을 돌리지 말고 노력하는 열정부터 잡으십시오.

♥ 어디를 향할 것인가, 열정은 뚜렷한 방향을 원한다.

무작정 뜨거운 것은 객기일 뿐 열정이 아닙니다. 목표가 뚜렷한 열정만이 보람을 안겨 줄 수 있습니다.

♥ 몸을 사리지 마라. 진흙탕을 두려워하면서 얻으려 마라.

꿈을 이루고 싶다면 몸을 사려서는 안 됩니다. 내 손에 진흙 묻히는 것을 피하려 한다면 아무것도 얻을 수 없으니까요.

♥ 두려워 마라. 패가 나쁘더라도 열정이 있다면 승산이 있다.

설령 내 인생의 패가 나쁘더라도 실망하지 마십시오. 열정만 있다면 나쁜 패를 극복하면서 기회를 만들어 갈 수 있습니다.

♥ 아주 작은 시작이더라도 미래는 창대해질 수 있다.

경영의 신이라 불리는 세계적인 기업가 마쓰시타 고노스케는 빈손으로 시작하여 세계적인 기업가로 성공했습니다. 시작은 보잘것없어도 미래는 얼마든지 역전될 수 있습니다.

♥ 날마다 열정을 업그레이드시켜라.

그 자리에 머물러 있는 사람은 후퇴하게 됩니다. 꿈을 향한 여정은 강물을 거슬러 올라가는 것과 같아서 날마다 자신의 역량을 업그레이드해야 발전할 수 있습니다.

♥ 가슴 설레던 열정의 순간을 기억하라.

나의 꿈을 발견한 가슴 설레던 순간을 잊지 마십시오. 처음 열
정을 품었을 때의 설렘, 그 초심이 힘든 과정을 견디게 해 주는
원동력이 되니까요.

♥ 경쟁하지 말고 세상의 중심에서 나를 외쳐라.

우리에게 필요한 것은 경쟁심이 아니라 세상의 중심에서 나를
외치는 용기입니다. 경쟁에만 집착하는 사람은 풍요로운 인생
을 만들어 갈 수 없습니다.

♥ 진실은 오기보다 강하다.

꿈을 이루겠다는 진심은 누군가를 이기겠다는 경쟁심보다 큰
힘을 발휘합니다. 이기려고 하지 말고 꿈을 이루려고 노력할
것! 그것이 우리가 기억해야 할 전부입니다.

4장
사랑의 비밀

사랑은 내 안의 잠든 거인을 깨우는 에너지
사랑이 있는 사람이 리더가 된다
인정하라, 웃어라, 손을 잡아라
사랑 안에서 나를 세워라

사랑은 내 안의 잠든 거인을 깨우는 에너지

"힘없고 나약한 사람도 사랑하는 사람을 위해서라면 용기를 냅니다.

시련을 만나 좌절에 빠진 사람도

사랑의 위로를 받으면 다시 시작할 의욕을 갖게 됩니다.

사랑은 내 안의 참다운 나를 깨우는 운명 같은 에너지입니다."

♥ 사랑은 우연처럼 찾아와 내 안의 나를 깨운다

"3등실로 자리를 옮기시오!"

"나는 1등실 표가 있소. 자리를 옮길 이유가 없소."

남자는 역무원을 향해 또렷하게 말했습니다.

"유색 인종은 백인과 같은 칸에 탈 수 없소. 말을 듣지 않으면 경찰을 부르겠소."

"나는 잘못한 것이 없으니 경찰을 부르시오. 난 한 발짝도 움직일 수 없소이다."

그러자 역무원은 밖으로 나가더니 잠시 후 경찰을 데리고 돌아왔습니다. 경찰은 들어오자마자 남자를 짐짝처럼 끌어내기 시작했습니다.

"당장 나가시오!"

객실에 앉아 있던 백인들은 남자가 끌려 나가는 모습을 당연하다는 듯이 바라보았습니다. 유럽식 양복을 입었지만 남자는 결코 하얗다고 할 수 없는 구릿빛 피부의 유색 인종이었기 때문입니다.

1893년, 남아프리카 남동부 지역의 피터마리츠버그.

겨울바람이 남자의 몸속을 파고들었습니다. 짐을 빼앗기고 역 대합실로 쫓겨난 남자는 미처 외투를 챙기지 못해 추위에 떨어야 했습니다. 기차는 기적을 울리며 겨울바람이 부는 역을 빠져나가고 남자 혼자 남았습니다.

인간에 대한 예의.

남자는 그 말을 떠올렸습니다. 그는 꽤 성공한 변호사였음에도 유색 인종이라는 이유만으로 차별을 받은 것입니다. 피부색이 다르다는 이유만으로 백인과 같은 학교에 다닐 수 없고, 백인과 같은 지역에 거주하거나 함께 여행을 다닐 수도 없는 유색 인종.

160

"그냥 모든 걸 잊고 인도로 돌아가 예전처럼 성공한 변호사로 살아갈까?"

그러나 남자는 곧 잊고 있던 한 가지 사실을 깨달았습니다.

'모든 인간은 사랑받고 존중받을 가치가 있어! 나는 차별받으며 살고 있는 인도인, 나아가 유색 인종의 현실을 모른 척 지나칠 수 없다. 나는 인도를 사랑하고 있기 때문에!'

어쩔 수 없는 일이라 생각하면서 모른 척했더라면 남자는 편하게 살았을지도 모릅니다. 그러나 그는 자신의 가슴속에 있는 인간과 인도에 대한 사랑, 그것을 평생 부정하고 덮어 둔 채 살아갈 수는 없었습니다.

성공한 변호사로 살아온 그는 남아프리카에서 그동안 잊고 살던 민족과 인간에 대한 사랑과 마주친 것입니다. 그것은 운명처럼 그의 가슴을 뒤흔들어 놓았습니다.

"전 생애를 걸고 인도인의 자유를 위해 싸우리라!"

기차역에서 모욕을 당한 일을 계기로 인생의 길을 바꿔 버린 인도 남자, 그는 전 세계인이 성인으로 추앙하는 '마하트마 간디'였습니다.

그 호칭은 인도의 위대한 시인 타고르가 시를 통해 '마하트마(Mahatma, 위대한 영혼)'라고 칭송한 것이 계기였습니다. 인도인들은 간디를 평범한 인간이 아니라 신과 같이 위대한 존재로서 존경했습니다.

조국의 독립과 인도인들의 자유를 향해 자신의 신념을 평생 실천해 보인 간디. 무엇이 그를 그토록 위대한 영혼으로 살게 만들었을까요?

그는 성공한 변호사로서 가족과 함께 편안한 일생을 살 수도 있었습니다. 그러나 우연한 기회에 남아프리카에서 일하면서 차별받고 억압받는 인도인들의 현실을 목격하게 됩니다. 동포의 현실을 바라보면서 그는 늘 조국을 위해 무언가를 해야 하지 않을까 하는 마음을 키워 갔습니다.

그리고 기차역에서 봉변을 당하던 순간, 더는 숨길 수 없는 가슴속 사랑을 분명하게 발견한 것입니다. 사랑은 간디를 변모시켰습니다. 사랑은 평범하고 연약한 사람이었던 간디를 위대하고 강인한 사람으로 만들었습니다.

우리는 생활력 없고 나약한 사람도 사랑하는 가족이 생기거나 지켜야 할 소중한 사람이 생기면 강한 의지를 가지고 적극적인 사람으로 변하는 경우를 주변에서 종종 봅니다. 사랑은 그처럼 강한 동기를 갖게 하는 에너지를 가지고 있습니다.

흔히 여자는 약하지만 어머니는 강하다고 합니다. 자식에 대한 지극한 사랑이 내면의 강한 의지를 깨워 평소에는 하기 힘든 고된 일도 기꺼이 해낼 수 있게 동기를 부여해 주기 때문입니다.

간디 역시 그러했습니다. 개인의 삶이 아니라 더 큰 사랑을 위해 자신의 인생을 헌신하는 일은 누구나 할 수 있는 일이 아닙니다. 강한 의지와 용기가 없다면 결코 그런 길을 선택할 수도 없고 실천해 나갈 수도 없습니다.

당시 영국은 식민지 인도에 대해 소금을 전매해 무거운 세금을 매겼습니다. 인도 독립 운동을 이끈 간디는 지지자들과 함께 소금세 반대를 주장하며 바다까지 20여 일에 거쳐 340킬로미터의 대행진을 펼쳤습니다.

영국 경관들은 대행진을 벌이는 인도인을 무력으로 저지하려 했습니다. 여기저기서 사람들이 피를 흘리며 쓰러졌지만 행진은 멈추지 않았습니다. 마침내 바다에 다다른 간디는 염전에서 한 줌의 소금을 쥐고 주먹을 높이 들어 올렸습니다.

"와아!"

군중은 간디를 중심으로 환호성을 질렀습니다. 영국의 무력 앞에서 비폭력 저항으로 일관하며 목적지에 다다른 인도인들은 간디와 함께 자유를 외쳤습니다.

사랑은 간디를 위대한 영혼으로 이끌었고, 힘없는 인도인을 모이게 했으며, 영국의 총칼 앞에 당당히 맞설 수 있게 했습니다. '비폭력 저항'이라는 숭고한 정신으로 간디가 이끈 인도는 1947년,

마침내 영국에서 독립할 수 있었습니다.

사랑의 힘으로 다시 태어난 그는 평생 이런 기도를 멈추지 않았습니다.

"나에게 사랑할 수 있는 최상의 용기를 주소서. 말할 수 있는 용기, 행동할 수 있는 용기, 고난을 감수할 수 있는 용기, 일체의 모든 것을 버리고 홀로 남을 수 있는 용기를 주옵소서!"

♥ 사랑이 없다면 꿈꾸지 마라

인도의 독립을 쟁취하긴 했지만 간디에게는 여전히 할 일이 많이 남아 있었습니다. 종교로 분열된 인도를 결합해야 했으니까요.

78세의 노령이 된 간디는 인터뷰 요청을 받았습니다. 인터뷰를 요청한 기자는 몇 년간 친분을 유지한 마거릿 버크화이트였습니다. 그날의 인터뷰에서 간디는 자신이 주장해 온 운동과 인도의 앞날에 대해 깊은 이야기를 들려주었습니다. 그러나 인터뷰를 마친 뒤 몇 시간 지나지 않아 그는 반 이슬람 극우파 청년의 흉탄을 맞고 쓰러지고 말았습니다.

성공한 변호사이자 성실한 가장으로 편하게 살 수도 있었을 간디. 그러나 간디는 비폭력 저항으로 인도의 독립 운동을 이끌며 전 세계인에게 강한 메시지를 전했습니다.

간디처럼 위대한 휴머니즘으로 민족 전체를 사랑하지는 못하더라도 우리 주변에는 가족과 친구처럼 소중한 사람이 많습니다. 우리가 미래의 비전을 바라보고 꿈을 향해 노력하는 것은 사랑하는 사람들과 좀 더 풍요로운 시간을 나누기 위해서입니다.

엄청난 부귀영화와 성공을 얻었을지라도 사랑이 없다면 빈껍데기와 같은 인생입니다. 사랑이 없는 사람의 꿈은 야망이나 욕심에 불과할 뿐입니다. 더불어 나눌 시간과 사랑이 있을 때 우리는 힘든 생활 속에서도 희망을 느끼고 힘든 시간을 견딜 수 있는 에너지를 얻습니다.

　여러분, 내 곁의 한 사람부터 사랑해 보면 어떨까요?

　평생 빈민 구제에 헌신하여 노벨 평화상을 수상한 머더 테레사는 이렇게 말했습니다.

> "난 결코 대중을 구원하려고 하지 않는다. 난 한 번에 오직 한 사람만 사랑할 수 있다. 한 사람, 한 사람, 한 사람……. 당신도 시작하고 나도 시작하는 것이다. 난 한 사람을 붙잡았다. 만일 내가 그 사람을 붙잡지 않았다면 4만 2,000명을 붙잡지 못했을 것이다."

　사랑은 나를 약하게 하는 나약한 감정이 아니라 더욱 강한 잠재력을 깨우는 에너지입니다. 이기적인 목표만 생각하고 생활한다면 인생은 보람도 즐거움도 없는 힘든 시간일 뿐입니다. 사랑이 없다면 미래를 꿈꿀 수 없습니다. 사랑이 없다면 꿈을 향해 나아가는 험한 과정을 끝까지 견뎌 낼 수 없을 테니까요.

사랑이 있는 사람이
리더가 된다

"다른 사람을 좌지우지하는 사람이 리더가 되던 시대는 지났습니다.

사람을 돌아보지 않고서는 리더가 될 수 없습니다.

사람을 돌아보지 않는 기업은 제대로 인정받을 수 없습니다.

진정한 리더십은 '사람에 대한 사랑'에서 시작됩니다."

"바로 지금 자선 활동을 시작하려무나."

돈 버는 일에만 몰두하는 아들에게 아버지는 종종 이렇게 독려했습니다. 그러나 아들은 아버지의 말을 흘려들을 뿐이었습니다. 세상 사람들은 그를 가리켜 컴퓨터 황제, 세계 제일의 부호 '빌 게이츠'라 불렀습니다.

빌은 어려서부터 어머니가 자선 단체 회장으로 활동하는 것을 보며 자랐고 아버지에게 여러 번 자선 활동에 대한 권유를 받았습니다. 그러나 정작 그를 움직인 사람은 따로 있었습니다.

"오늘의 나를 있게 한 것은 나의 아내 멜린다에요. 그녀의 권

유로 자선 사업을 시작하게 되었죠."

빌은 공식석상에서 이렇게 밝혔습니다. 돈 버는 일에 몰두하던 사업가 빌 게이츠를, 사람을 생각하는 큰 기업가로 만든 것은 그의 아내 멜린다 게이츠였습니다.

멜린다 게이츠는 대학에서 컴퓨터 공학과 경제학을 공부한 뒤 경영학 석사(MBA) 학위를 취득하고 마이크로소프트 사에 입사했습니다. 그리고 멀티미디어 제품 개발부에서 일하다가 빌 게이츠와 결혼했습니다. '현대판 신데렐라'로 불리며 빌의 아내가 되었을 때만 해도 멜린다는 평범한 여성에 지나지 않았습니다. 아프리카 여행에서 빈곤국에 사는 헐벗은 사람들의 모습을 실제로 보기 전까지는 말이죠.

"맨발로 흙먼지가 가득한 길을 걷는 여인을 보았는데, 그 자체가 나에게는 충격이었죠, 아무리 둘러봐도 신발을 신은 사람은 한 명도 없었어요. 그 순간이 나를 영원히 바꾸었답니다."

멜린다는 아프리카에서 느낀 충격을 이렇게 표현했습니다.

그녀는 그 순간, 돈 많은 부유층의 여자로 살아가기보다 사람을 생각하는 삶을 살고 싶다고 생각했습니다. 돈보다는 사람이 중심인 영혼으로 살고 싶었지요.

진실은 진실 하나로 끝나지 않고 옆의 사람에게 전달되기 마련입니다. 멜린다는 돈 버는 일밖에 모르는 남편을 설득해 자선 사업의 중심으로 끌어냈습니다.

자기밖에 모르고 다른 사람을 자기 마음대로 다루려는 사람에게는 누구도 호감을 느끼지 못합니다. 자기 입장만 내세워서 이득을 취하려는 사람의 말은 설득력이 없습니다. 그러나 이익보다는 사람을 생각하는 사람의 말은 다른 사람의 마음을 움직입니다. 그 말에는 진실이 담겨 있기 때문입니다.

친구가 많은 사람이 되고 싶다면 이득보다는 사람을 먼저 생각하십시오. 그 마음이 때로는 따뜻한 정이 되고 때로는 세심한 배려가 되어 주변 사람들이 여러분을 찾게 만들 것입니다.

멜린다 게이츠, 그녀는 돈보다 사람을 생각하는 진실한 마음으로 한 남자를 바꾸었고, 또한 세상을 바꾸고 있습니다.

♥ 사랑은 더 큰 성공을 불러온다

"첫째, 멜린다 게이츠는 세계에 불고 있는 거부들 사이의 자선 바람에 가장 강력한 힘을 가진 인물로 떠오르고 있습니다. 둘째, 남편 빌 게이츠와 공동으로 재단 운영을 책임지고 있으며 그녀의 사업은 자산 가치가 30조 원 이상입니다. 셋째, 가장 주목할 부분으로 에이즈, 결핵, 말라리아와 각종 어린이 질병 퇴치를 위해 많은 재산을 재단 기금으로 사용하고 있습니다."

미국 경제 신문 「월스트리트 저널」은 2006년에 '세계가 주목할 여성 50인' 가운데 1위로 멜린다 게이츠를 선정하면서 이렇게 밝혔습니다.

2000년, 멜린다는 제3세계 빈민 구호와 질병 퇴치를 위해 남편 빌과 함께 '빌 앤드 멜린다 게이츠 재단'을 설립했습니다. 빌은 기부를 계속해 전 재산의 반을 이미 기부했으며 "죽기 전까지 재산의 99퍼센트를 자선 단체에 기부하겠다"고 밝혔습니다.

과거의 빌은 독점 시비에 휘말리고 기업 사냥꾼이라는 손가락질을 받는, 돈만 아는 사업가였습니다. 그러나 이제 그는 세계 최고의 자선 사업가가 되었습니다.

사랑은 누군가에게 무언가를 주는 것이기에 자신은 손해를 감수해야 한다고 생각하기 쉽습니다. 그러나 꿈과 비전이 있는 사람에게 사랑이란 더 큰 성공을 불러오는 촉매제와도 같습니다.

멜린다가 아프리카에서 돈보다 사람을 소중히 하는 마음을 깨닫지 않았다면 그녀는 그저 현대판 신데렐라로 남았을 뿐이겠지요. 빌 역시 멜린다의 설득이 아니었다면 그저 돈 많은 갑부로 세상 사람들에게 남았을 것입니다. 그들은 재벌로서 화려한 삶을 누렸을지 몰라도 마음 깊은 곳에서 삶에 대한 기쁨과 보람을 찾지는 못했을 것입니다.

그러나 그들은 돈보다 사람을 생각했고, 사랑의 마음으로 자선에 눈을 떠서 오늘에 이르렀습니다. 단순히 돈만 많은 부자가 아니라, 꿈을 이루고 나아가 사랑을 실천한 이들이 되어 수많은 사람에게 감동과 사랑의 희망을 심어 주고 있지요.

빌 앤드 멜린다 게이츠 재단은 이미 수많은 지지자를 확보하고 엄청난 영향력을 행사하고 있습니다. 빌 게이츠와 스물다섯이라는 나이 차이에도 불구하고 15년 넘게 우정을 이어 온 세계 2위의 부자 워렌 버핏. 그는 전 재산의 80퍼센트를 빌 앤드 멜린다 재단에 기부했습니다. 언젠가 워렌 버핏은 멜린다에 대해 이렇게 말하기도 했습니다.

"빌 게이츠보다 그의 아내 멜린다 게이츠가 더 똑똑하다.
멜린다는 빌을 훌륭한 의사 결정자로 만들었다."

멜린다는 돈이 아니라 사람을 생각하는 사랑의 마음으로 많은 사람의 지지와 후원을 받고 있습니다. 사람들은 돈 버는 법은 빌이 잘 알지만 돈을 쓰는 법은 멜린다가 훨씬 잘 안다고들 말합니다. 멜린다는 자신의 재산을 사랑을 위해 쓸 줄 알았고, 빌과 함께 더 큰 성공을 이룬 것입니다.

이처럼 사랑은 주변 사람들에게 많은 영향을 끼치고 더 큰 성공을 불러오게 합니다. 약한 마음으로 끌려 다니기만 하는 사랑이 아니라 소신 있게 추구하는 넉넉한 사랑은, 꿈을 이뤘을 때 나의 모습을 더욱 빛나게 해 줍니다.

♥ 꽃보다 먼저 마음을 주어라

멜린다는 제3세계 국가들을 돌아보며 현장을 파악하는 일을 즐겼습니다. 그녀는 뒤에서 돈만 기부하고 뒷짐을 지는 것이 아니라 실제로 사람들을 만나 보고 그들의 손을 잡고 포옹하고 대화를 나누었습니다. 빈곤국을 돌 때마다 그녀는 망설임 없이 자연스럽게 에이즈에 걸린 아기를 껴안거나 매춘부에게 다가가 직접 말을 걸었습니다.

"마을을 직접 방문하고 그곳에 사는 사람들과 같이 지냅니다. 그들에게서 직접 듣고 보고 체험하고 느끼는 것이지요. 그리고 가장 강하게 마음을 울리는 일을 합니다."

사람들은 멜린다의 진솔하고 적극적인 모습에 마음을 열었고, 다른 사람과 다정하게 대화하거나 스킨십을 하는 일을 어색해하던 빌 역시 멜린다를 통해 사람들과의 관계를 더욱 친밀하게 할 수 있었습니다.

이제 사람들은 빌 게이츠의 아내 멜린다가 아니라 빌과 사회의 영향력 있는 사람들을 움직인 멜린다, 자선 사업가 멜린다, 사회의 진정한 리더 멜린다를 이야기합니다. 아프리카 빈곤국의 죽어 가는 수십만 명을 살려 내고, 미국의 교육 개혁을 지원하는 사회의 리더로서 말입니다.

무슨 일이든 사람의 마음을 얻지 못하고는 성공할 수 없습니다. 사람의 마음을 얻지 않고 독불장군처럼 휘젓는 사람은 주변 사람들에게 신뢰와 존경을 얻을 수 없습니다. 사회에서 훌륭하게 자리매김하기 원한다면 먼저 사람의 마음을 얻는 방법을 알아야 합니다.

그런데 사람의 마음을 얻으려면 잔재주나 속임수가 아니라 먼저 나의 마음을 열어야 합니다. 사랑의 마음 말입니다. 한 사람의 마음을 얻으려면 먼저 나의 마음을 주어야 합니다. 여러 사람의 마음과 지지를 얻으려면 더더욱 먼저 마음을 주어야겠지요. 그것이 진정한 사랑입니다.

인정하라, 웃어라, 손을 잡아라

"누군가 나의 잘못을 제대로 지적하면

그 충고를 발전을 위한 계기로 삼으십시오.

나의 잘못을 인정하면 성장할 것입니다.

우울하다면 먼저 웃어 보십시오. 긍정의 묘약 앞에선 우울도 뒷걸음질칩니다.

인정하고 웃어 주면서 세상과 손을 잡는 사람에게 성공은 가까이 있습니다."

♥ 사랑을 잃어버리면 웃음도 사라지고 행운도 달아난다

"뭐라고요? 해고라니요? 내가 왜?"

7년 동안 악착같이 일해 온 직장에서 어느 날 갑자기 해고 통보를 받자 그녀는 믿기지 않았습니다. 한 치의 오차도 허용하지 않으려는 자세로 열심히 일했는데 승진은커녕 해고라니, 부당한 처사에 분노가 치밀었습니다.

어린 시절 그녀의 부모는 이름을 바꾸면 크게 될 수 있다는 말에 딸에게 '진희' 대신 '진수'라는 새로운 이름을 붙여 주었습니다. 성공에 대한 욕심이 남달랐던 그녀는 악착같이 공부해 공대에 진학했으나 졸업하고도 일자리를 구할 수 없었습니다. 대학

원까지 진학해서 공부했지만 좋은 일자리를 얻지 못했지요. 150번이나 이력서를 넣어도 취직은 도통 되지 않았고, 어렵게 취직한 첫 직장도 그리 오래가지 못했습니다.

우여곡절 끝에 미국까지 건너간 그녀는 접시도 닦고 서빙도 하면서 어렵게 직장을 얻었고, 성공하겠다는 일념으로 악착같이 일해서 공장의 생산 라인을 감독하고 매출을 세 배 이상 올리는 성과를 거두기도 했습니다. 그러나 수년이 지나도록 그녀는 승진 대상자 명단에 올라가지 못했습니다.

'뭐가 문제지?'

그녀는 샌프란시스코 주립 대학에서 경영학 석사 과정까지 공부하면서 돌파구를 찾으려 했습니다. 그런데 정작 돌아온 것은 '해고'였던 것입니다.

"나는 특별히 잘못한 게 없습니다. 왜 나를 해고하는 겁니까? 내가 동양인이라서?"

한국인인 그녀는 인종 차별로 인한 해고라 생각하고 몇 날 며칠 잠도 자지 못하며 고민하다가 회사 측에 퇴사 이유를 물었습니다.

"인종 차별 때문에 해고한 게 아닙니다. 너무 잘하려고 늘 긴장해 있기 때문에 당신의 얼굴엔 미소가 없습니다. 그래서 아랫사람들이 당신을 따르지 않는 게 가장 큰 문제입니다. 당신에게 필요한 것은 학위를 따는 게 아니라 사람들과 잘 대화하고 그들의 생각을 이해하는 것입니다."

회사 측의 설명에 그녀는 뒤통수를 얻어맞은 느낌이었습니다. 일은 잘하는데 웃지 않아서 해고라니! 열심히 하려는 것도 잘못이란 말인가?

돌아보면 성공에 대한 강박관념으로 오로지 일에만 매달린 세월, 동료들이나 후배들에게 따뜻한 미소 한번 제대로 지어 주지 못한 시간들이었습니다. 그녀는 성공에 대한 강박관념으로 주변을 돌아보지 않고 일만 해 왔습니다. 그 결과 사람들의 신뢰를 얻을 수 없었고, 열심히 일했음에도 정작 조직에서 정말 필요한 사

람이 되지 못한 것이지요. 그제야 그녀는 자신이 단편적인 성과
는 낼 수 있었지만 조직원을 이끌어 가는 리더로서는 불합격임
을 깨달았습니다.

♥ 현실을 인정하라, 그리고 넘어서라

'도대체 무엇이 나의 성공을 가로막는 걸까? 숱한 노력은 아
무 소용이 없단 말인가?'

계속되는 실패와 꼬이기만 하는 인생의 절망에 빠진 진수 테
리는 자신을 돌아보고, 해고를 계기 삼아 생각을 바꾸기 시작했
습니다.

그녀는 MBA 과정을 중단하고 새로운 길을 모색했습니다. 스
피치 클럽에 들어가 보통의 미국인들은 한 번 듣고 마는 과정을
세 번이고 네 번이고 반복해서 들으면서 사람들과 기분 좋게 대
화하는 요령을 터득하기 위해 노력했습니다. 일만 정확하고 열

심히 할 것이 아니라 사람들과 대화하고 함께 커 나가는 비전을 찾으려 한 것입니다.

그녀에게 가장 크게 다가온 변화는 바로 '웃음'이었습니다. 인상을 쓰고 심각하게 문서를 들여다보면서 일에 몰두하는 것이 아니라 공유하고 대화하면서 함께 나누는 데 웃음만큼 좋은 묘약은 없었습니다. 그녀가 적극적으로 웃기 시작하자 마법처럼 모든 일이 술술 풀려 나가기 시작했습니다. 좋은 곳에 취직도 할 수 있었고 승진도 수월해졌습니다. 웃음과 말문이 트이니 점점 자신감이 붙었고 세상을 보는 시각도 달라졌습니다. 이제 사람들은 일하는 기계 진수 테리가 아니라 함께 일하고 싶은 진수 테리를 원하기 시작했습니다.

그녀는 이렇게 말했습니다.

"나의 성공을 방해한 것은 바로 나 자신이었죠. 나는 웃음의 가치를 재발견한 거예요!"

진수 테리는 역경과 좌절을 만났을 때 그것을 계기로 다시 일어섰습니다. 웃음의 힘을 깨닫고 스스로를 변화시켰습니다. 그결과 진수 테리는 경영 컨설팅 회사의 CEO가 되었고, 미국에서 유명한 컨설턴트이자 '펀(fun) 경영의 전도사'로 왕성하게 활동하고 있습니다. 진정한 웃음의 힘은 우스갯소리를 듣거나 코미디 프로그램을 볼 때 나오는 웃음의 차원을 넘어서, 위기에 봉착했을 때 유연하게 대처하는 긍정의 힘을 뜻합니다. 좌절하고 포기하는 게 아니라 위기 속에 숨어 있는 기회를 찾아내고 스스로 변신하여 발전의 계기로 삼는 것 말입니다.

누구에게나 힘든 일이 닥칩니다. 때로는 힘든 일이 동시다발적으로 터져 정신도 차리지 못하고 망연자실할 때도 많습니다. 그러나 그럴 때일수록 정신을 차리고 위기 속에서 무엇을 배워야 하는지 생각한다면, 위기를 오히려 기회로 만들 수 있습니다.

진수 테리는 웃음의 힘으로 모든 시련을 극복했습니다. 웃음의 가치를 재발견함으로써 인생을 성공으로 이끌었지요.

세상을 미워하고 사람들에게 애정이 없을 때 우리는 웃을 수 없습니다. 주변 사람들에 대해 조금이라도 진심 어린 관심과 애정을 기울이지 않는다면 웃음을 나누지 않는 이기적인 생활에 젖게 됩니다. 그렇게 딱딱한 사람은 아무도 좋아하지 않습니다.

심지어 자신에 대한 사랑마저 잃어버렸을 때 우리는 완전히 웃음을 잃게 됩니다. 웃음을 잃어버린 나머지 우울증에 걸려 자살을 기도하거나 주변 사람들을 괴롭히면서 인생을 낭비하는 경우도 많습니다. 웃음을 되찾는다는 건 세상과 주변 사람, 무엇보다 나 자신에 대한 애정을 회복하는 것입니다.

사랑을 잃어버리면 웃을 여유도 잃어버리고 주변 사람들의 신뢰와 지지도 얻을 수 없습니다. 성공으로 가는 길 또한 막혀 버리고 행운도 놓치게 되지요.

♥ 웃음으로 성공을 끌어당겨라

"나는 미국에서 사는 한국인이기 때문에 동양의 문화뿐만 아

니라 서양의 문화까지도 잘 압니다. 문화를 잘 안다는 것은 장점
입니다. 그래서 내 장점은 두 배의 효과를 발휘합니다."

성공에 대한 강박관념으로 늘 의기소침하고 웃을 줄 모르던
진수 테리는 이제 누구 앞에서도 당당하게 자신을 표현합니다.
아무리 힘든 순간에도 호탕한 웃음을 잃지 않습니다. 그것이 성
공의 비결이라는 것을 자신의 체험을 통해 잘 알고 있기 때문입
니다.

진수 테리는 거기서 머물지 않고 자신이 체험한 성공과 웃음
의 비밀을 많은 사람에게 전달하기 위해 전 세계를 다니며 강연
을 하고 성공을 끌어당기고 있습니다.

"성공의 개념을 바꿔라. 성공이란 실패에 좌절하지 않는
것이다. 자기를 소중하게 대접하라. 작은 성공에도 스스
로 자축하라!"

　　미국의 명문 하버드 의과 대학 정신과 교수 조지 베일런트는 지난 66년 동안의 하버드 졸업생 중 268명의 인생을 추적하여 대학 시절 성적이 졸업 이후의 삶에 어떤 영향을 미쳤는지 조사했습니다. 그리고 이런 결론을 얻었습니다.

　　"우리는 대학 때 좋은 성적을 받은 사람보다 오히려 삶의 역경에 처했을 때 웃음으로 극복한 사람들이 가장 성공적인 삶을 살았다는 사실을 발견했다."

　　좋은 성적에 집착하여 친구들을 경쟁자로만 인식하고 학업에 매달린다면 한두 번 좋은 성적을 받을 수는 있겠지만 지속적으로 좋은 성적을 유지하기는 힘듭니다. 설사 계속 좋은 성적을 받는다 해도 사회에서 언제나 우등생이기를 기대할 수는 없습니다. 사회생활에 필요한 것은 성적이 전부가 아니니까요. 학업이든 사회생활이든 긍정적인 마음으로 웃음을 잃지 않고 열심히 임해야 성과를 거둘 수 있습니다. 세상에 대한 애정을 잃어버린 채 이기적인 성과에만 매달린다면 곧 벽에 부딪치게 됩니다.

　　30세에 성공하겠다는 일념으로 미국으로 건너간 진수 테리

역시, 주변 사람들과 세상에 대한 애정과 웃음을 모르고 노력할 때는 성공을 거둘 수 없었습니다. 그러나 웃음으로 세상과 손을 잡고 당당하게 나섰을 때 비로소 성공의 문은 열리기 시작했습니다.

그녀가 명강사로 이름을 날리자 주된 활동 무대였던 샌프란시스코에선 '진수 테리의 날'까지 선포했습니다. 이제 그녀에게는 미국을 대표하는 100대 여성 기업인, 전미 연설가 협회(NSA) 한국인 최초 정회원 등의 타이틀이 따라 다닙니다.

그녀는 고국의 젊은이들에게 이렇게 강조합니다.

"언제나 긍정적인 마음으로 여러분의 숨은 에너지를 뿜어내야 합니다."

생에 대한 긍정과 애정이야말로 웃음 에너지의 비결입니다. 힘들고 짜증스러운 일상이 계속된다 해도 나의 인생을 사랑하고 세상과 기꺼이 손을 잡고 살아가고자 한다면 거울을 보고 한

번 웃음을 지어 보세요. 웃음의 에너지가 내 생활을 변화시키고
하는 일마다 잘되게 긍정의 힘을 발휘할 것입니다. 그리고 웃을
일은 점점 더 많아질 것입니다.

사랑 안에서 나를 세워라

"외롭고 힘들 때 끝까지 놓지 말아야 하는 것은
바로 나 자신에 대한 사랑입니다.
나의 꿈과 인생에 대한 사랑만 포기하지 않는다면
어려움 속에서도 견디고 꿈을 이룰 수 있습니다.
자신을 소중히 여기고 최고로 사랑해 주십시오.
사랑, 그 안에서 나의 꿈을 세워 가는 겁니다."

♥ 세상이 나를 비웃어도 나는 나를 사랑한다

"누가 코코를 보았는가? 나의 사랑하는 강아지를.

나는 그를 트로카드로 부근에서 잃어버렸다네.

코코는 틀림없이 이미 멀리 갔을걸. 발이 얼마나 빠른지.

나는 너무 걱정이 된다네."

깡마르고 목소리가 가느다란 20세의 여가수가 무대에 올라 노래를 불렀습니다. '코코'라는 후렴이 계속되는 노래를.

감정 표현이 풍부한 그녀는 이 카페에서 꽤 인기 있는 가수였습니다. 노래가 끝나자 사람들은 환호를 보내고 박수를 치며 앙

코르를 외쳤지요.

"코코, 코코!"

"앙코르, 앙코르!"

그날 이후 '가브리엘 샤넬'이라는 여가수는 '코코'라는 이름으로 불리게 되었습니다.

이제 갓 스물을 넘긴 가난한 가브리엘의 꿈은 가수가 되어 돈을 버는 것이었습니다.

그녀의 아버지는 어린 시절 자식들을 내팽개치고 떠도는 장돌뱅이였습니다. 어머니는 어린 나이에 사생아로 가브리엘을 낳고, 병에 걸려 세상을 떠난 불행한 여자였습니다. 어머니가 돌아가시자 아버지는 아이들을 수녀원에서 운영하는 고아원에 맡겨 버렸고, 가브리엘은 고아원에서 우울한 나날을 보내며 성장했습니다. 그러다가 자신의 독립된 인생을 위하여 여가수가 되겠다는 꿈을 품고 밤무대를 전전했지요. 배우지 못하고 가난하고 누구에게도 보살핌을 받지 못한 인생이었습니다.

성인이 되어서도 그녀는 어린 시절의 상처를 극복하지 못해 늘 자신의 불행을 사람들에게 미화시켜 이야기하며 자기 연민에 빠져 살았습니다. 그녀는 어머니가 죽은 충격에 대해 "사람들은 이날 내게서 모든 것을 앗아 갔습니다. 나는 열두 살로 죽은 것이나 다름없었지요."라고 말했습니다. 깊고 깊은 상처로 코코는 평생 몽유병에 시달려 밤에는 침대에 몸을 묶고 잠을 자야 할 때도 많았습니다.

상처와 불행으로 가득 찬 삶은 쉽게 극복하기 힘듭니다. 끝없는 상처로 괴로워하다가 인생 전체가 우울해지기도 합니다. 코코 역시 자신을 둘러싼 가난과 상처와 불행과 싸울 수밖에 없었습니다.

그러나 그녀는 성공하고 싶다는 야망이 있었고 숱한 시련과 시행착오 속에서도 단 한 가지, 자신과 자신의 인생에 대한 사랑의 끈을 놓지 않았습니다.

그리고 마침내 그녀는 전 세계 여성이 사랑하는 찬란한 이름, '코코 샤넬'로 거듭납니다.

코코가 사랑한 것은 자신뿐만 아니라 자신을 둘러싼 모든 사람이었습니다. 그녀는 저돌적이고 반항적인 성격이었지만 많은 사람과 교류하면서 돈독하고 각별한 우정을 쌓아 갔습니다. 코코의 빠른 성공 뒤에는 그녀가 사랑하고 그녀를 사랑한 수많은 사람이 있었습니다.

밑바닥 인생을 전전하던 코코는 에티엔 발장이라는 인물을 통해 상류 사회를 체험할 기회를 가졌고, 그러면서 자신이 옷으로 문화를 표현하는 데 재능과 열정이 있음을 깨달았습니다. 그러던 중 아서 카펠이라는 연인을 통해 의류업계에서 도약할 수 있는 기회를 잡았지요. 코코는 늘 작은 기회를 큰 기회로 만들었고 점점 성공을 향해 날아올랐습니다.

"코코, 일어나! 넌 충분히 슬퍼했어. 자, 가방을 싸. 베네치아로 여행을 떠나는 거야."

목숨처럼 사랑하던 연인을 교통사고로 잃고 동생마저 자살한 뒤 깊은 슬픔에 빠져 누워 있던 그녀를 찾아온 친구 미시아가 말했습니다.

미시아는 코코와 평생 우정을 나눈 친구였습니다. 미시아는 코코의 슬픔과 기쁨을 함께 나누었을 뿐만 아니라 코코에게 새로운 세계를 보여 주었습니다. 배움이 짧고 예술에 조예가 없던 코코에게 미시아는 스승이자 안내자였지요. 코코는 그녀를 통해 피카소, 디아길레프, 니진스키, 스트라빈스키, 살바도르 달리, 장 콕토 등 당대의 쟁쟁한 예술가들과 교류할 수 있었습니다.

코코는 자신만의 독특한 매력과 인간미로 사람들의 마음을 사로잡아 깊은 우정으로 가꿔 나갈 줄 알았습니다. 사업가로 성공한 뒤에도 코코는 예술가들과 깊은 교류를 유지했으며, 가난한 예술가들을 적극 후원했습니다.

코코 샤넬이 패션의 별이 될 수 있었던 것은 그러한 소중한 인연들을 예술적으로 승화할 줄 아는 재능 덕분이었습니다. 그녀가 만나는 사람들, 여행한 장소들은 모두 독창적인 패션으로 다시 태어났고, 코코의 패션은 패션이 아니라 예술의 경지에 오를 수 있었습니다.

코코를 둘러싼 모든 사람이 그녀에게는 패션의 영감이었습니다. 그녀는 자신을 사랑하고 주변 사람들을 사랑하고 꿈을 사랑하면서 강하고 독립적인 코코 샤넬로서 살아갔습니다.

♥ 내가 곧 스타일, 나를 세워라

"저게 뭐야?"

때론 그녀의 과감한 패션을 비웃는 사람들도 있었습니다. 대부분의 여성들이 거추장스러운 드레스 안에 코르셋을 두른 채 거동조차 힘들어할 때 그녀는 심플한 투피스나 승마 바지를 입고 경마장 같은 장소에 나타났으니까요.

그녀에게는 생활 자체가 패션이었기에 스스로 매력을 느끼는 대로 입고 표현했습니다. 다른 사람들 말에는 개의치 않고 자신만의 스타일을 지켜 나갔지요.

"내가 곧 스타일이다. 사람들은 나의 옷 입는 모습을 보고 비웃었지만, 그것이 바로 내 성공 비결이었다. 나는 그 누구와도 같지 않았다."

그녀는 자신의 패션 감각을 확신했고 조금의 망설임도 없이 표현하면서 자신의 이름을 사람들에게 각인시키고 명성을 쌓아 나갔습니다. 남성 디자이너들만 활동하던 시대에, 매력적이고 과감한 이 여성은 사람들에게 자신의 감각을 한껏 전파하며 찬란한 자신의 시대를 만들었습니다.

"몸을 옥죄는 코르셋을 벗어 버려라. 자연스러운 것이 가장 아름다운 패션이다."
"더 이상 기다란 드레스로 거리를 쓸고 다니지 마라."
"핸드백에 줄을 달아 어깨에 걸쳐서 두 손을 자유롭게 하라."

그녀의 패션은 이런 메시지들을 담고 있었습니다. 그녀로 인해 여성들은 코르셋을 벗고 단이 짧은 치마를 입기 시작했으며, 손에 들고 다니던 핸드백을 어깨에 메고 좀 더 자유롭게 행동할 수 있었습니다.

코코는 스물여덟에 여섯 명의 종업원으로 가게를 열었지만 나중에는 수천 명의 종업원을 거느린 사업가가 되었습니다. 사람들은 "코코가 만진 것은 무엇이든 황금이 된다."고 말했습니다. 하지만 코코는 이렇게 말했습니다.

"성공의 비결이요? 끊임없이 사랑하고 맹렬하게 일하는 데 있어요."

온갖 상처와 고독 속에서 그녀는 늘 일에 매달렸습니다. 시련은 끊이지 않고 매번 찾아왔지만 그녀는 강한 의지로 좌절 속에서 다시 일어났지요. 누구보다 자신과 자신의 꿈, 그리고 자신의 인생을 사랑했기 때문입니다.

내가 곧 스타일이라고 자신의 패션 감각을 당당하게 표현하며

198

사랑 안에서 자신을 일으켜 세운 여성, 코코 샤넬.

우리가 끝까지 붙잡아야 할 것은 생에 대한 사랑입니다. 삶에 대한 열정은 누구의 가슴속에나 숨어 있는 본능과도 같으며, 놀랄 정도로 강합니다.

현실과 환경의 어려움 속에서 그 사랑의 끈을 놓는 사람은 자신을 귀하게 여기지 않고 흘러가는 대로 삶을 맡겨 버리다가 더욱 비참한 인생으로 전락해 갑니다.

반면에, 삶이 어떤 모습으로 우리에게 다가오더라도 생에 대한 사랑을 놓지 않는 사람은 삶을 긍정하고 거기서 다시 시작합니다. 자신의 삶을 사랑하는 사람, 자신의 꿈을 끝까지 바라보는 사람, 그런 이들만이 햇살이 비추는 새로운 희망의 땅을 찾을 수 있습니다.

사랑, 그 안에서 나를 일으켜 세울 때 삶도 나를 일으켜 세워 줄 것입니다.

Secret Summary

💗 **사랑은 우연처럼 찾아와 내 안의 나를 깨운다.**

사랑은 내 안의 참된 나를 일깨우는 에너지가 됩니다. 인도를 독립으로 이끈 지도자 간디 역시 민족에 대한 사랑을 발견한 순간 위대한 영혼으로 거듭날 수 있었습니다.

💗 **사랑을 발견하라, 그것이 나를 강하게 만든다.**

지키고 싶은 소중한 사람들이 함께 있을 때 우리는 더욱 강해질 수 있습니다. 친구, 가족 등 소중한 사람들에 대한 사랑이 우리에게 현실의 고됨을 참고 인내하고 이기게 해 주니까요.

💗 **사랑이 없다면 꿈꾸지 마라.**

사랑이 없다면 미래를 꿈꾸지 마십시오. 현실적인 성공만 꿈꾸는 사람에게 성공은 다가오지 않습니다. 설령 현실적인 성공을 얻는다고 해도 진정한 행복은 찾을 수 없습니다.

♥ 사랑은 더 큰 성공을 불러온다.

사랑은 정신적인 만족뿐 아니라 더 큰 성공을 불러옵니다. 세계 최고의 부호 빌 게이츠는 돈만 아는 사업가에서 자선 재단을 설립하면서 진정한 리더로 다시 태어났습니다.

♥ 남보다 먼저 마음을 주어라.

똑똑한 사람보다 마음을 여는 사람 곁에 사람들은 모입니다. 남보다 먼저 마음을 주십시오. 남보다 많은 지식이 아니라 사람들의 마음을 움직일 수 있는 힘을 가져야 진정한 리더가 될 수 있습니다.

♥ 사랑을 잃어버리면 웃음도 사라지고 행운도 달아난다.

따뜻한 마음을 잃어버리면 웃음도 사라지고 행운도 달아나게 됩니다. 우울하고 불평불만이 가득한 사람에게는 행운이 아니라 불운만 깃들게 되니까요.

♥ 웃음으로 성공을 끌어당겨라.

힘든 일이 닥칠수록 현실을 인정하고 웃어 보십시오. 웃음에는 성공을 끌어들이는 힘이 있습니다. 세상과 손을 잡고 당차게 나아갈 때 힘든 산을 넘어 꿈을 이룰 수 있습니다.

♥ 세상이 나를 비웃어도 나는 나를 사랑한다.

세상이 나를 속이거나 비웃어도 나는 나를 사랑해야 합니다. 마지막 순간까지 함께 있어 주고 나를 응원해 주는 건 바로 나 자신이므로 정성을 다해 자신을 아껴 주고 다시 일으켜 세워 주세요.

♥ 친구는 나의 힘, 강력한 휴먼 네트워크를 만들어라.

성공한 모든 사람 뒤에는 그를 도와준 수많은 사람이 숨어 있습니다. 나를 아껴 주고 내가 사랑하는 친구와 주변 사람들은 인생을 성공으로 이끄는 보물 1호입니다.

♥ 내가 곧 스타일, 나를 세워라.

누가 뭐라고 해도 중심을 잡는 것은 나 자신입니다. 내 인생의 스타일은 내가 만들어 가는 것입니다. 코코 샤넬이 사회 밑바닥 신분이었지만 패션에 대한 열정으로 '샤넬'이란 세계적인 브랜드를 창조해 낸 것처럼 말입니다.

HAPPY
TEA
lee

5장
나만의 비밀
미래를 위한 나만의 비밀을 만들어라
당당하라, 장애도 기회가 된다
나만의 피터 래빗을 창조하라
내 인생의 해피엔딩을 믿어라

미래를 위한
나만의 비밀을 만들어라

"미래는 베일에 둘러싸인 숲과 같습니다.

그래서 미래를 위한 나만의 비밀 시나리오가 필요합니다.

다른 이에게 햇살이 비추는 길이 나에게도 좋은 길은 아닙니다.

미래를 바라보며 자신만을 위한 비밀 시나리오를 만드는 사람만이

성공의 문을 열 수 있습니다."

♥ 길을 찾아라, 꿈은 우연히 이루어지지 않는다

"첫째, 영화배우가 되겠다.

둘째, 케네디 가의 여성과 결혼하겠다.

셋째, 미국의 주지사가 되겠다."

영화배우 아널드 슈워제네거는 이렇게 자신의 길을 정했습니다.

그는 아메리칸 드림을 꿈꾸며 미국으로 건너온 가난한 이민 가정의 아들이자 몸이 약한 어린이였습니다. 무엇이든 열심히 하면 이룰 수 있다는 기회의 땅 미국으로 건너왔지만 성공은 멀게만 느껴졌지요.

그럼에도 그는 남몰래 계획을 세웠습니다. 누가 보더라도 허무맹랑할 정도로 서로 연관성이 없고 실현 가능성은 더더욱 없어 보이는 목표들이었습니다.

어린 시절 그가 가진 재주는 보디빌딩이었습니다. 지금의 단단한 근육질의 몸을 보면 잘 상상이 되지 않지만 어릴 때 아널드는 몸이 약했습니다. 부모님은 몸이 약한 아들의 건강을 위해 이런저런 운동을 시켰고, 그러다 보니 아널드는 몸이 튼튼해졌을 뿐만 아니라 운동에 대한 자질을 깨닫고 자신감도 키울 수 있었습니다. 어떻게 보면 그가 원대한 포부를 가질 수 있었던 것은 운동을 통해 경험한 '하면 된다'는 자신감 덕분이었는지도 모릅니다. 그는 열다섯 살부터 보디빌딩을 해서 여러 대회에 참가하여 상을 받기도 했습니다. 그러나 정작 그가 꿈꾸는 길은 보디빌더가 아니었습니다.

인생이란 여행은 미지의 길을 가는 것과도 같습니다. 어떤 여행자는 처음 떠나는 길에서도 자신이 어디로 가야 할지 금방 방향을 정하고 꿋꿋하게 길을 갑니다. 또 어떤 여행자는 여러 방향으로 헤매다가 뒤늦게 길을 찾기도 하고, 영영 길을 찾지 못한 채 헤매다가 정해진 시간을 끝내고 마는 여행자도 있습니다.

여러분은 이 여행에서 자신의 길을 정확하게 찾아내는 여행자가 될 수 있습니다. 그 방법은 미래를 위한 자신만의 비밀을 만드는 것입니다. 아널드 역시 그러했습니다. 그 누구도 예상치 못한 미래의 계획을 세우고, 비밀을 키워 나갔습니다.

아널드 슈워제네거는 뚜렷한 방향으로 걸어가 무명 배우에서 세계적인 스타로, 다시 미국 캘리포니아의 주지사로 한 단계씩 자신의 꿈을 향해 올라설 수 있었습니다.

♥ 하나를 이루면 또 하나를 이룰 수 있다

"아널드 슈워제네거도 나처럼 미국에 처음 왔을 때 가진 것이라고는 몸뚱이밖에 없었다."

미국의 명강사이자 사업가로 성공한 진수 테리는 이렇게 말했습니다.

그렇습니다. 아널드에게는 정말 몸뚱이밖에 가진 게 없었습니다. 그러나 아널드는 분명한 자신만의 비밀을 가슴에 품고 있었습니다.

자신이 세운 목표를 향하여 아널드 슈워제네거는 무명 배우 생활을 시작합니다. 처음엔 언제나 단역뿐이었고 아무도 알아주지 않았습니다.

당시 보디빌더를 그만둔 무명 배우 아널드에게 어느 지역 신문 기자가 물었습니다.

"앞으론 뭘 하실 생각이세요?"

"저는 할리우드 최고의 스타가 될 겁니다."

이 대답에 기자는 내심 상당히 놀랐습니다. 겨우 지역 신문에나 나오는 무명 배우, 이민을 왔기 때문에 아직 오스트리아식 억양이 강하게 남아 미국식 발음이 어색한 이 보디빌더 출신의 배우가 너무도 자연스럽게 할리우드 최고의 스타가 되겠다고 답하니 말입니다.

"무슨 수로 할리우드 최고 스타가 되겠다는 말입니까?"

아널드는 여전히 확신에 차서 차분하게 말했습니다.

"원하는 모습을 상상하면서 이미 다 이룬 것처럼 나에게 끊임없이 속삭이는 겁니다."

그는 몇 년이 지난 후 자신의 말을 증명이라도 하듯 「터미네이터」라는 영화를 통해 대스타가 되었습니다. 그리고 폭넓은 연기력과 이미지 변신으로 블록버스터 영화의 주인공이자 할리우드의 흥행 보증수표로서 세계 영화 팬들의 영웅이 되었습니다.

첫 번째 꿈 '영화배우'를 기대 이상으로 실현한 것입니다.

그러나 배우로서의 성공은 아널드의 인생 시나리오에서 시작에 불과했습니다.

하나를 이루자 아널드는 자연스럽게 두 번째 목표로 성큼 다가갈 수 있었습니다. 스타가 된 그는 방송계와 쉽게 연이 닿았고, 케네디 가 출신의 방송인 마리아 슈라이버와 사랑에 빠져 결혼하게 된 것입니다.

아널드의 두 번째 계획이 실현되는 순간이었죠. 마리아 슈라이버와 결혼함으로써 아널드는 명문 케네디 가의 사위가 되었습니다. 목적을 위해 조건만 보고 결혼한 것이 아니라 자신이 지향하는 바대로 살아가다 보니 원하는 대로 이룬 것입니다.

현재 마리아와 아널드는 슬하에 2남 2녀를 두고 행복한 가정을 꾸려 나가고 있습니다. 아널드의 곁에는 늘 마리아가 웃고 있습니다. 그리고 아널드는 이렇게 말합니다.

"난 이제 쉰여섯 살의 중년 남자입니다. 그리고 이 나이에 와서야 나만의 비밀이 무엇인지 알았습니다. 그것은 믿음입니다."

하나의 목표를 성취한 사람에게는 다음 목표의 성취가 성큼 가까워집니다. 하나의 목표를 성취하면 다음 목표도 성취할 수 있다는 믿음이 생깁니다. 아널드처럼 꿈과 목표를 성취하는 방법도 바로 '믿음' 입니다.

♥ 비밀의 문은 두드리는 사람에게만 열린다

"아널드 슈워제네거, 캘리포니아 주지사 당선!"

2003년은 아널드의 해였습니다. 캘리포니아 주민들은 보디빌더이자 영화배우 출신인 아널드 슈워제네거를 새로운 주지사로 선택했습니다.

캘리포니아는 한반도의 두 배 가까운 크기로, 미국 내에서 영향력이 막강한 주입니다. 당시 캘리포니아는 체계적이지 못하게 이런저런 사업을 벌여 놓기만 한 주정부의 살림 탓에 큰 빚을 진 상태였습니다. 그때 아널드가 주민들의 마음을 파고들었고, 2003년 주지사 보궐선거에서 당선된 것입니다.

선거 운동 당시 행정 경험이 없다시피 한 약점도 아널드에게는 문제가 되지 않았습니다. 그는 정치·행정가로서 전문성이 부족하다는 비판을 피하기 위해 경제 자문을 투자의 달인이라 일컬어지는 워렌 버핏에게 맡겼고 조지 슐츠 전 국무장관과도 손을 잡았습니다. 영화배우에서 전문 정치인으로 이미지 변신에 성공한 그는 마침내 주지사가 되겠다는 꿈을 실현했습니다. 원래 목표했던 2005년보다 2년이나 빠르게 꿈을 실현한 것입니다.

이로써 영화배우의 꿈, 케네디 가 여성과의 결혼, 그리고 주지사 당선에 이르기까지 그의 시나리오는 완벽하게 실현되었습니다.

작품성 있는 영화를 만들기 위해서는 시나리오가 탄탄해야 합니다. 우리의 인생도 마찬가지입니다. 더구나 인생은 예행연습이나 사전 답사 같은 것은 허용될 수 없는 완전한 생방송입니다. 그렇기 때문에 더욱 구체적이고 탄탄한 시나리오가 필요합니다.

다른 사람의 경험은 참고가 될 뿐, 나에게 똑같이 적용될 수 없습니다. 창작의 고뇌를 거듭하며 나에게 딱 맞는 나만의 시나리오를 창조해야 합니다. 그것은 내 인생에 숨겨진 비밀을 캐내는 일과도 같습니다.

작은 계획부터 실현하여 점점 큰 계획으로 나아가세요. 성공을 향한 비밀의 문은 두드리는 사람에게만 열립니다.

어쩌면 비밀의 문을 두드리는 것이 두려울 수도 있습니다. 그러나 자기 인생에 대한 애착이 없는 사람은 미래에 대한 두려움도 기대도 계획도 없습니다. 미래가 두렵다면 그만큼 자신의 인생을 사랑하고 있는 것입니다. 두려움을 이겨 내는 방법은 탄탄한 목표를 세우고, 철저한 계획을 구상하는 것뿐입니다. 목표를 하나씩 이뤄 내고 계획을 실현할 때마다 나는 점점 더 강해지고, 빛을 발하게 됩니다. 그러다 보면 '내 인생 최고의 순간'인 클라이맥스가 성큼 다가와 현실로 펼쳐질 것입니다.

당당하라, 장애도 기회가 된다

"때때로 우리는 아픔을 통해 배우고,

역경을 겪으며 오히려 해내겠다는 더 큰 의욕을 불태웁니다.

역경의 산이 내 앞을 가로막거든 기억하세요.

산을 넘는 자에게만 기회가 있다는 것을."

♥ 이유 없는 시련은 없다

"어? 다리가 왜 이러지?"

스티븐은 순식간에 계단에서 굴러 떨어지고 말았습니다. 체구가 작긴 했지만 건강하고 활달한 스티븐은 얼마 전부터 걸음걸이가 조금씩 이상해지는 것을 느끼면서도 대수롭지 않게 생각했었습니다. 계단에서 굴러 떨어졌을 때 다행히 이가 부러진 것 외에는 많이 다치지 않았지만 의사는 다소 염려스럽다는 표정으로 이렇게 말했습니다.

"정확한 진단을 받아 보아야 할 것 같습니다."

스티븐은 불길한 예감을 애써 지우려 노력하며 치과 의사가 안내해 주는 대로 큰 외과병원에 가서 검사를 받았습니다.

"근위축성 측색경화증입니다. 루게릭 병이라고 하죠. 신경이 점점 약해져 근육이 쇠약해지는 병인데, 처음엔 손과 발이 약해져서 물건을 들거나 걷기가 어려워집니다. 점차 병이 온몸에 퍼져 숨 쉬는 근육까지 약해지고 결국 호흡조차 힘들어 사망하게 됩니다. 병의 원인도 아직 밝혀지지 않았고 현재로서는 치료법도 없는 상황입니다. 이 병에 걸린 환자들은 보통 몇 년 내에 사망하는 경우가 대부분입니다."

루게릭 병이라니! 스티븐과 그의 어머니는 귀를 의심했습니다. 이제 겨우 스무 살을 넘긴 앞날이 창창한 물리학도인 그는 영국 옥스퍼드 대학을 졸업하고 케임브리지 박사 과정을 밟고 있었습니다. 그는 조정 선수가 되는 것이 꿈이었습니다. 그런데 근육이 마비되다가 움직이지도 못하고 숨조차 제대로 쉬지 못해 죽어 가야 하다니, 도저히 받아들일 수 없는 현실이었습니다. 스티븐은 마른하늘에 날벼락을 맞듯 루게릭 병 진단을 받고, 좌절하게 됩니다. 그는 바로 스티븐 호킹입니다. 우리는 지금 그를 아인슈타인

이후 가장 위대한 과학자라 부릅니다. 장애를 극복하고 우주의 비밀을 풀어 낸 이 위대한 과학자는 우리에게 이렇게 말합니다.

"신체적 장애는 자신의 온전한 삶을 가로막지 못합니다."

인생에 대한 설계로 꿈에 부풀 나이에 죽음의 판정을 받는다면 누구나 절망과 상실감에 빠질 것입니다. 병과 싸움을 벌이기도 전에 도저히 치료할 수 없다는 판정을 받은 스티븐 역시 모든 전의를 상실한 채 삶의 의욕을 잃어버렸습니다. 곧 죽을 테니 공부를 할 필요도 없고 조정 선수로 계속 활동할 힘도 없었습니다. 그저 서서히 팔다리와 온몸에 마비가 진행되어 장애인이 되어 갈 뿐이었습니다.

그러나 스티븐이 진정 자신의 진가를 발휘하고 세계 무대에 이름을 날리기 시작한 것은 바로 장애인이 된 이후였습니다. 병과 장애가 그의 마음을 더욱 강하게 만들었고, 다른 일을 할 수 없게 되자 집념을 발휘하여 우주에 대한 연구에 전력을 기울인 것입니다.

이유 없는 시련은 없습니다. 스티븐에게 닥친 병과 장애는 오히려 그가 위대한 물리학자가 되는 계기가 되었습니다. 몸이 마비되어 가는 시련 속에서 젊은 물리학도는 자신이 해야 하고 할 수 있는 일은 오직 우주의 비밀을 푸는 일임을 본능적으로 느끼고 연구에 매달렸으니까요.

나에게 시련이 닥쳤다면 생각해 보십시오. 분명히 시련이 나에게 던져 주는 메시지가 있을 것입니다. 시련이 닥칠 때 좌절하는 것이 아니라 그것을 계기로 스스로 어떻게 변화해야 하는지, 나에게 진정 필요한 것은 무엇인지 돌아보는 사람이야말로 진정 강한 의지를 지녔다고 할 수 있습니다.

♥ 길이 끝나는 곳에서 길은 다시 시작된다

"지금까지 확인된 블랙홀은 모든 것을 빨아들이는 것으로 알려져 왔습니다. 그러나 저는 블랙홀이 에너지를 내뿜는다는 사실을 알아냈습니다. 블랙홀은 에너지를 내뿜으면서 점차 수축하는데, 이 과정에서 온도와 중력은 무한대로 증가합니다. 그러다가 엄청난 폭발을 일으키고 결국 사라지는 것입니다. 즉, 블랙홀은 영원하지 않으며 증발해 버릴 수도 있습니다."

스티븐이 학술회의에서 이렇게 발표했을 때 사람들은 그의 논문을 휴지 조각에 비유하며 비난을 퍼부었습니다. 그러나 스티븐은 개의치 않았습니다. 자신의 주장이 옳으며 세상을 깜짝 놀라게 할 것이 분명했기 때문입니다.

그는 논문을 세계적 권위의 과학 잡지 「네이처」 지에 보냈습니다. 까다로운 심사 과정을 거쳐 마침내 논문은 게재되었고, 그의 이론은 세계를 뒤흔들어 놓았습니다. 영국 정부는 스티븐의 능력과 명성을 인정해 그해 여름 그를 왕립학회 회원으로 선출했습니다. 서른두 살의 젊은 물리학자가 왕립학회 회원이 된 예는 일찍이 없던 일이었습니다. 게다가 몇 년 뒤 그는 케임브리지 대학교에서 학자로서는 최고의 자리인 루카시언 교수가 되었습니다. 중력을 발견한 뉴턴 역시 루카시언 교수 직을 지냈지요.

드디어 스티븐 호킹 박사는 세계적인 과학자이자 물리학자가 되었습니다. 휠체어를 탄 과학자, 언제 죽을지 모르는 병을 앓는 물리학자는 전 세계를 누비며 자신의 학설과 연구 결과를 전하면서 찬란한 스포트라이트를 한 몸에 받았습니다.

"나는 행운아입니다. 몸이 마비되었기에 어디를 다니거나 운동을 할 수도 없고 그 어떤 일로도 시간을 보낼 수 없는 나는 오직 연구에 몰두할 수밖에 없습니다. 몸이 마비된 나는 정말 행복한 물리학자입니다."

모든 가능성이 막히고 길이 끝난 그 자리에서 새로운 가능성이 열리고, 더욱 위대한 스티븐 호킹의 인생이 시작된 것입니다.

💙 바람이 몰아치면 풍차를 돌려라

장애나 역경을 만나면 "왜 나만 이런 일을 겪어야 하는가?"라는 식으로 원망하고 불평하기 쉽습니다. 그러나 여러분은 그 역경을 통해 나를 돌아보고 더 열심히 할 수 있는 방법을 찾아내기 위해 애써야 합니다. 시련이 우리에게 다가오는 이유는 바로 그 때문입니다. 스티븐 역시 그런 마음으로 역경을 이겨 냈습니다.

"사람은 희망이 완전히 사라졌을 때 자신이 가진 모든 것에 진정으로 감사하게 됩니다. 지금 저는 아주 행복합니다. 우주를 연구하는 데는 건강한 몸이 필요하지 않거든요. 아무리 건강한 사람도 우주 끝까지 가 볼 수는 없으니까요."

스티븐은 세계적인 과학자가 되었지만 모든 어려움이 사라진 것은 아니었습니다. 그의 병은 점점 깊어졌습니다. 목소리도 작아져서 바로 옆에서야 겨우 알아들을 정도가 되었고, 폐렴으로 기관지를 절개했기 때문에 아예 말을 할 수 없게 되었습니다. 손가락만 간신히 움직일 수 있는 그는 스위치를 조정하여 의사 표시를 했습니다. 그가 앉아 있는 컴퓨터 의자의 센서가 스티븐의 손놀림을 음성으로 변환하여 다른 사람들과 의사소통을 하게 도와주었지요.

이러한 상황 속에서도 그는 연구를 계속하여 2004년에는 자신이 과거에 발표한 이론의 모순을 스스로 인정하고 '블랙홀 정보 패러독스'라는 연구 결과를 발표합니다. 그의 우주에 대한 사랑과 연구는 끝없이 전개되고 있습니다. 마치 우주처럼 넓고 깊게 말입니다.

난세가 영웅을 낳듯 어쩌면 스티븐에게 장애란 자신의 잠재력을 모두 끄집어낼 기회였는지도 모릅니다. 조정 선수를 꿈꾸던 그는 더 이상 보트를 저어 보지 못하게 되었지만, 모든 시간을 연구에 몰두할 수 있었으니까요.

작은 바람이 불어오면 작은 바람개비를 돌리고, 큰 바람이 불면 풍차를 돌리면 됩니다. 불운이 닥쳤다고 걱정만 할 것이 아니라 위기를 기회로 활용하십시오. 그러면 더 넓은 세계로 나아갈 수 있으며, 남과 다른 나의 모습을 이룰 수 있습니다.

나를 둘러싼 모든 일에 당당하게 맞서십시오. 장애조차도 기회가 될 수 있으니까요!

나만의
피터 래빗을 창조하라

"머리 색깔이 다르거나 옷차림이 특이하다고 해서

남과 다른 독특한 존재가 되는 것은 아닙니다.

자신만이 상상하고 소망하고 꿈꾸는 세계가 있어야

참으로 남과 다른 인생을 설계해 갈 수 있습니다.

나만의 독창적인 세계를 만들어 보세요. 꿈의 실현은 거기서 출발합니다."

"피터, 이리 와!"

소녀가 손을 내밀자, 옷을 입은 작은 토끼 '피터'가 깡충 뛰어서 소녀의 따뜻한 손 위로 올라섰습니다. 소녀는 털을 쓰다듬으며 피터의 옷매무새를 단정하게 만져 주었습니다.

어느새 저녁 바람이 불기 시작했습니다.

"비어트릭스, 비어트릭스!"

소녀를 부르는 사람들의 목소리가 점점 가까워졌습니다. 그러자 피터는 소녀의 손 위에서 순식간에 연기처럼 사라지더니, 어느새 수풀 사이로 사라져 버렸습니다. 그 옆의 개울에서는 폴짝 개구리가 뛰어갔습니다. 소녀는 큰 소리로 말했습니다.

"안녕, 피터! 개구리야, 너도 내일 또 만나!"

집에 돌아온 소녀에게 어머니는 잔소리를 했습니다.

"여자애가 옷이 그게 뭐니? 온통 진흙투성이잖아!"

소녀는 입을 꾹 다물고 풀이 죽은 얼굴로 어머니를 쳐다보았습니다.

당시 대부분의 상류층 가정에서 그러했듯이 소녀 역시 학교를 다니지 않고 가정교사에게 교육을 받았습니다. 소녀에게는 친구가 거의 없었고, 대신 나무, 풀, 토끼, 고양이, 개구리 등이 친구였습니다.

100년도 훨씬 전의 영국. 여자는 얌전히 성장해 부유한 집안에 시집가는 것이 최고의 행복이라 여기던 시절이었습니다. 소녀의 어머니 역시 딸을 숙녀로 잘 길러 부잣집에 시집보내는 것이 꿈이었습니다. 그러나 소녀의 꿈은 달랐습니다.

방에 돌아오자 창밖에서 폴짝 피터가 뛰어 들어왔습니다.

"피터!"

소녀는 반갑게 피터를 맞이했습니다.

그렇습니다. 소녀는 자연을 벗 삼아 하루를 보내고 자연과 대화하며 생활했습니다. 숲에서 본 동물들은 언제나 소녀의 상상 속에 함께 머물렀고, 때로는 착한 동물로 때로는 짓궂은 동물로 변하기도 하면서 온갖 이야기의 주인공이 되었습니다.

유달리 동물을 좋아하던 소녀는 생동감 있는 친구들의 모습들을 스케치북에 그렸습니다. 피터 역시 그녀가 그린 귀여운 토끼였습니다. 소녀가 그린 동물들은 스케치북 속에서 튀어나와 그녀와 대화하고 뛰노는 친구가 되어 주었습니다.

자연과 함께 벗하는 생활. 그것이 소녀의 꿈이자 소녀만의 세계였습니다.

"세상 사람들이 나처럼 동물들이 살아가는 자연의 아름다움을 느끼고 거기서 감동을 받았으면 좋겠어."

매일같이 옷에 진흙이 묻었다고 야단을 맞아도, 여자들은 커서 좋은 집에 시집가야 한다는 말을 귀에 못이 박히도록 들어도, 소녀의 눈은 언제나 자신이 만든 세계, 자연과 더불어 움직이는 세계만을 향해 있었습니다. 현실 속의 어떠한 변화도 그녀의 세계를 흔들어 놓거나 깨 버리지 못했습니다.

세월이 흐른 뒤 세상 사람들의 마음을 뒤흔들었고 100년이 훨씬 지난 지금까지 사랑받는 『피터 래빗 이야기』는 이처럼 한 소녀가 꿈꾼 세계에서 비롯되었습니다.

♥ 남과 다르게 상상하라, 그리고 소망하라

"당신 그림에서는 당근 썩는 냄새가 납니다!"

숙녀가 된 비어트릭스 포터는 자신이 만든 그림책을 들고 여러 출판사의 문을 두드렸습니다. 귀여운 토끼들이 생생하게 살아서 사람과 똑같이 대화를 나누고 가족을 이루고 사랑하고 갈등하고 화해하면서 살아가는 모습이 그녀의 책 속에 담겨 있었지만 그 매력을 알아보는 출판사는 찾기 힘들었습니다. 심지어 토끼들이 잔뜩 나오는 비어트릭스의 그림책을 보고 당근 썩는 냄새가 난다고 악평하는 출판사도 있었지요.

그러나 현실적인 장벽이 그녀의 세계를 짓밟을 수는 없었습니다. 그녀의 세계는 온갖 즐거운 상상과 따뜻한 소망으로 채워져 있었으니까요.

"동화책을 내겠어요."

처음 비어트릭스가 이렇게 말했을 때 어머니는 고개를 저었고 아버지 역시 아무 말도 하지 않았습니다. 결혼할 나이가 한참 지나도록 그림만 그리던 딸이 30대 중반이 되어서도 결혼할 생각은커녕 책을 내겠다고 말했으니까요. 여성은 직업도 가지지 않던 시대에 비어트릭스의 결심은 엄청난 용기가 필요한 일이었습니다.

단 한 사람, 노먼 워른만이 그녀의 세계를 이해해 주었습니다. 출판사의 신출내기 편집자였던 그는 비어트릭스와 함께 아름다운 책을 만들기 위해 노력했습니다. 결국 두 사람은 서로를 신뢰하고 사랑하게 되었습니다. 신분의 차이가 그들을 가로막았지만 그들은 신경 쓰지 않았지요.

두 사람이 세상에 내놓은 『피터 래빗 이야기』는 나오자마자 베스트셀러가 되었고 순식간에 비어트릭스는 부자가 되었습니다. 그녀가 창조한 동물들의 세계는 곧이어 수십 가지 이야기로 창작되어 책으로 쏟아져 나왔고 인기는 식을 줄 몰랐습니다.

피터 래빗 열풍이 일자 미국의 월트 디즈니가 피터 래빗을 영화로 만들자는 제안까지 합니다. 그러나 비어트릭스는 단호하게 거절했습니다.

"나의 피터 래빗은 지금 그대로의 피터 래빗으로 남을 겁니다!"

이것은 놀라운 결정이었습니다. 월트 디즈니는 당시 「미키 마우스」 등의 성공으로 승승가도를 달리고 있었기에 피터 래빗을 영화화한다는 것은 커다란 성공을 약속하는 일이었지요. 그러나 비어트릭스는 월트 디즈니의 영화 세계는 자신의 색깔과 맞지 않다고 판단했습니다.

그녀는 남의 것을 기웃거리거나 흉내 내지 않고, 끊임없이 자신만의 캐릭터들을 상상하고 소망하면서 자신의 세계를 키워 나갔습니다.

♥ 숨겨진 나만의 '피터 래빗'을 찾아라

비어트릭스의 캐릭터들은 바라보기만 해도 포근하고 정감이 넘칩니다. 자연의 생동감이 그대로 묻어나지요. 그녀의 그림이 사람들을 매료할 수 있었던 것은 자신만의 세계와 색깔이 분명했기 때문입니다. 그녀의 그림에는 자연에 대한 독특한 해석과 인간 세상에 대한 은유가 숨어 있었습니다. 그것은 아무나 따라할 수 없을 정도로 독창적이었고, 어린 시절부터 그녀 자신이 소망하고 상상해 온 세계였기에 세상을 놀라게 할 흡인력이 있었습니다.

비어트릭스는 자신의 세계를 평생 지켰습니다. 비록 노먼 원른의 갑작스런 죽음을 겪으며 슬픔에 빠지기도 했지만, 그녀는 시골 마을에서 검소하게 살면서 창작 활동을 계속했습니다. 또한 자신의 책을 팔아 모은 재산을 내셔널 트러스트라는 자선 단체에 기부했고 지속적으로 환경 보호를 위해 헌신했습니다. 모든 이가 자연의 아름다움을 느끼고 사랑하기를 바라는 마음에서였습니다.

남다른 나의 모습을 갖는다는 건 단지 머리 색깔을 바꾸거나 튀는 옷차림을 하는 데서 비롯되는 것이 아닙니다. 나 자신이 어떤 세계를 가지고 있느냐에 달린 것입니다. 겉모습은 누구나 특이하게 가꿀 수 있고 흉내 낼 수 있지만 자신만의 세계는 다른 사람들이 쉽게 흉내 낼 수 없습니다.

내 안에, 내 인생 안에 숨겨진 나만의 피터 래빗을 찾으십시오. 여러분 안에 숨겨진 취향과 적성, 희망 등을 관찰하고 끈질기게 질문하면서 답을 찾는다면 언젠가는 나만의 피터 래빗을 발견할 수 있습니다. 조금 빨리 발견할 수도 있고 조금 늦게 발견할 수도 있겠지만 자신만의 세계를 발견하고 그 세계에 사로잡힐 수만 있다면 우리는 꿈을 이룰 수 있습니다.

"시간에는 빼앗긴 시간, 눈 깜짝할 사이에 흘려보낸 시간,

그리고 '사로잡힌 시간'이 있다."

세계적인 철학자 세네카는 이렇게 말했습니다. 무엇에 사로잡혀 있느냐에 따라 인생이 달라집니다. 게임에 사로잡힌 시간, 사랑에 사로잡힌 시간, 공부에 사로잡힌 시간, 취미 생활에 사로잡힌 시간…….

소중한 나의 시간을 보람 없는 일들에 사로잡힌 채 흘려보내지 마세요.

나의 인생을 '사로잡힌' 시간들로 채울 숨겨진 나만의 피터 래빗은 어디 있을까요? 멀리 있지 않을 겁니다. 비어트릭스의 피터 래빗은 그녀가 어릴 적부터 기르며 함께 놀던 토끼 벤저민에서 영감을 받은 것입니다. 항상 주변을 관찰하고 자신을 돌아보십시오.

나만의 세계에서 나의 힘으로 찾아낸 피터 래빗이 그림 속에서 톡 튀어나와 꿈으로 가는 길을 인도해 줄 겁니다.

내 인생의
해피엔딩을 믿어라

"누구에게나 실패와 불운의 시기가 있습니다.

성공한 사람들은 언제나 미래의 가능성을 바라보고

해피엔딩의 인생을 만들어 갑니다. 성공한 사람들과 실패한 사람들의 차이는

해피엔딩의 미래를 믿었느냐 믿지 못하고 중도에 포기했느냐의 차이일 뿐입니다."

♥ 당당히 실패하라, 성공은 실패 다음에 온다

"이제 정말 끝인가! 더는 어떻게 해 볼 수가 없어!"

월트 디즈니는 울부짖었습니다. 지금 우리는 그의 이름을 화려하게 성공한 기업가로 기억하지만 그도 처음에는 참으로 운이 따르지 않는 불행한 남자였습니다.

불우한 성장 과정을 거친 것은 물론이고, 사업가로서 원대한 목표를 품고 끊임없이 새로운 시도들을 했지만 결과는 늘 절망적이었습니다. 막대한 부채와 재기하기 힘든 상황들이 그에게 남은 전부였습니다. 아내와 형 로이가 그를 돕기 위해 애썼건만 결과가 절망적이니 미안하고 죄스러운 마음에 더욱 괴롭기만 할 따름이었습니다.

월트는 가난한 목수의 아들로 태어났습니다. 가난에 찌든 아버지는 자식들에게 종종 가혹한 매질을 가했고 가난과 폭력을 견디지 못한 두 형은 가출을 했습니다. 무서운 아버지 밑에 둘만 남은 형과 월트는 서로 의지하면서 성장했습니다.

어릴 때부터 그림 그리기를 좋아한 월트는 제1차 세계대전에 참전했다가 고향으로 돌아온 뒤 광고 대행사에서 삽화를 그렸습니다. 그러나 결과는 좋지 않았습니다.

"당신은 창의성이 부족해요. 해고입니다."

신문사에서도 해고를 당한 월트는 만화 영화에 관심을 갖고 단편 만화 영화를 만들어서 지역 극장에서 상영하기도 했습니다. 그러나 사람들의 반응은 싸늘했습니다.

또다시 쓰라린 실패를 경험한 그는 할리우드로 가서 영화사에 취직했지만 얼마 지나지 않아 회사가 부도나고 말았습니다. 절망적인 심정으로 직업소개소를 전전하며 이력서를 제출했지만 그를 받아 주겠다는 회사는 나타나지 않았습니다.

길을 모색하던 그는 1923년에 형 로이와 친구 한 명과 함께 '디즈니 브라더스'라는 애니메이션 스튜디오를 차렸습니다. 자본도 장비도 제대로 갖추지 못했지만 재능이 있던 그는 검은색 토끼 '오즈월드'라는 캐릭터를 개발하여 유니버설 사를 통해 배급해 흥행에 성공했습니다. 그러나 이번에도 결과는 실패나 마찬가지였습니다.

"작품을 성공시키고도 다른 회사에 수익을 모두 도둑맞다니!"

사업에 영악하지 못했던 그는 캐릭터를 유행시키고도 모든 수익금이 유니버설 사로 돌아가는 것을 속수무책으로 받아들여야만 했습니다. 모든 가능성은 막혀 버렸습니다. 그는 창고에서 궁핍한 생활을 전전하다가 결국 시골로 돌아갈 수밖에 없었습니다.

실패와 불운이 그림자처럼 따라다닌 청년 월트 디즈니. 그러나 그의 이름은 현재 전 세계 어린이에게 꿈과 재미를 선사하는 디즈니랜드로 남아 있습니다. 그러나 디즈니랜드를 만든 월트 디즈니의 인생 초반전은 이렇게 실패로 가득했죠.

“우리에게 실패가 많지 않다는 사실이 오히려 우리를 당황하게 만듭니다. 그것은 우리가 그만큼 충분히 노력하지 않았다는 뜻이니까요. 우리에게는 더 많은 실패가 필요할지도 모릅니다.”

미국의 유명한 잡지 「타임」과 「라이프」 등을 제작한 타임워너 사의 회장 겸 CEO인 앤 무어는 이렇게 말했습니다.

“여러분은 얼마나 많은 시행착오와 실패를 경험해 보았나요? 월트 디즈니만큼 고생과 실패를 해 본 사람은 흔치 않을 겁니다. 실패를 두려워한다면 우리는 아무것도 시도하지 못한 채 앉은 자리에서 몸만 사리다가 시간을 모두 낭비해 버리고 말 것입니다. 당당하게 실패하십시오. 실패의 경험 없이는 성공에 가 닿을 수 없습니다.”

"생쥐? 검은색 토끼가 아니라 생쥐 말이야. 생쥐면 어때?"

기차에서 월트는 생각했습니다. 그는 모든 것을 잃고 시골로 내려가는 길이었습니다. 그런데 문득 귀여운 생쥐 한 마리가 떠오른 것입니다. 검은색 토끼 오즈월드 대신 생쥐라면 어떨까?

그는 생쥐 캐릭터를 구체화하며 스케치를 해 보았습니다. 이름은 뭐라고 할까? 모티머? 그의 아내는 모티머보다는 부르기 편한 '미키'가 좋겠다고 했습니다.

"그래, 미키 마우스! 바로 그거야!"

드디어 운명의 신이 월트에게 미소를 짓기 시작하는 순간이었습니다. 그는 친지에게 돈을 빌려서 다시 영화를 만들기 시작했습니다. 마지막이라는 심정으로 모든 것을 쏟아 부었지요.

1928년 11월 18일 일요일, 마침내 미키 마우스가 7분짜리 영화로 모습을 드러냈습니다. 소리와 동작이 함께 녹음된 최초의 만화 영화였습니다. 미키가 휘파람을 불며 화면에 귀여운 모습을 드러내자 사람들은 이 앙증맞은 생쥐에게 첫눈에 반하고 말았습니다. 숱한 실패와 역경을 견뎌 낸 젊은 사업가에게 드디어 진정한 성공이 시작되고 있었습니다. 월트의 숱한 실패를 넘어 미키 마우스가 행운의 마스코트가 되어 휘파람을 불어 준 것이지요.

미키 마우스로 성공한 그는 1937년에 「백설 공주와 일곱 난쟁이」를 내놓았고 「피노키오」「판타지아」「밤비」 등을 연이어 흥행시켰습니다.

"나는 실패했지만 실패를 통해 많은 것을 배웠고, 젊은 시절에 겪은 모든 경험이 나에게 소중한 자산이 되었다!"

그의 실패는 실패가 아니라 소중한 배움의 경험들이었습니다. 그는 좌절만 하고 있기보다 실패의 경험을 통해 인내를 배우고 성공의 비결을 터득해 갔습니다. 월트 디즈니가 꿈을 실현한 사업가요 이상가로서 이름을 빛낼 수 있었던 것은 그러한 실패들 덕분에 가능했습니다.

♥ 해피엔딩으로 끝나는 시나리오를 써라

　디즈니랜드는 월트 디즈니가 건설한 마법의 공간입니다. 전 세계 어린이들이 꿈과 희망을 바라보며 즐기는 공간. 이곳에서는 슬픔과 어둠을 전혀 찾아볼 수 없습니다.

　암울한 성장 과정을 거치고 처절한 실패를 경험한 월트는 실패와 좌절 속에서도 늘 환상적인 미래를 구상했습니다. 디즈니랜드의 세계는 월트가 꿈꾼 총천연색 미래였습니다.

　월트가 대규모 테마 파크(특정 주제를 정해 그에 맞는 오락 시설과 건축 등의 연출을 하는 공원)를 건설하겠다고 했을 때 주변에서는 그의 꿈을 이해하지 못했습니다. 테마 파크의 개념조차 알지 못하던 때였으니까요. 심지어는 그의 사업을 돕던 형 로이까지 이렇게 염려했을 정도였습니다.

"월트가 종종 미친 일을 하긴 하지만 이번엔 정말 미친 일이야!"

그러나 월트에게는 보였습니다. 꿈의 동산, 어린이들이 행복해하는 모습, 기존의 유원지와는 다른 전혀 새로운 세계가 펼쳐지는 광경이! 그는 언제나 해피엔딩으로 끝나는 인생의 시나리오를 써 왔으니까요.

월트는 언제나 마음속으로 미래를 창조하고 노력함으로써 실제로 그것이 이뤄지게 만들었습니다. 그래서 사람들은 그를 단지 사업가로서가 아니라 꿈꾸는 사람, 이상을 실현한 사람, 다른 사람들에게 꿈을 심어 주는 사람이라고 말합니다.

아쉽게도 그는 디즈니랜드의 완공과 개장을 보지 못하고 폐암으로 사망합니다. 그 뒤 이렇다 할 흥행작을 내지 못하던 디즈니를 부활시킨 것은 1989년에 나온 「인어 공주」였습니다. 이어 「알

라딘」「미녀와 야수」 등이 흥행함으로써 디즈니 사는 전성기의
명성을 되찾습니다.

안데르센이 지은 동화 「인어 공주」가 죽음으로 끝나는 슬픈
사랑을 이야기함으로써 감동을 주었다면 디즈니 사가 만든 「인
어 공주」는 인어 공주가 노력 끝에 왕자님과 결혼하는 해피엔딩
을 보여 줌으로써 사람들에게 희망을 전해 주었습니다.

해피엔딩으로 끝나는 자신의 인생을 상상하십시오. 내 인생의
시나리오 작가는 바로 나 자신이므로 미래는 내 손으로 만들어
야 합니다.

월트는 황무지 속에서 아무도 생각지 못한 꿈의 동산, 디즈니
랜드를 상상했습니다. 그는 마음속에서 환상적인 공간이 펼쳐지
는 모습을 보았습니다. 내 인생의 디즈니랜드 역시 내가 상상하
는 모습으로 이뤄질 것입니다. 설령 내가 지금 황무지에 서 있다
해도 말입니다!

Secret Summary

♥ 길을 찾아라。꿈은 우연히 이뤄지지 않는다。

꿈은 우연히 이뤄지지 않습니다. 내 인생의 길은 어디에 있을까? 자신이 걸어가야 할 길이 무엇인지 깊이 고민하고 찾기 위해 노력하십시오. 그래야만 꿈을 이룰 수 있습니다.

♥ 하나를 이루면 또 하나를 이룰 수 있다。

처음부터 큰 성공을 이루려고 욕심을 낸다면 영원히 꿈을 이룰 수 없습니다. 작은 성공이 모여야만 더 큰 성공이 시작되고, 그렇게 점점 꿈에 다가가는 것입니다.

♥ 비밀의 문은 두드리는 사람에게만 열린다。

누구에게나 성공의 비밀은 숨어 있습니다. 사람마다 꿈을 이루는 길이 다르기에 나만의 비밀 시나리오를 만들고 나만의 인생을 설계해야 합니다. 비밀의 문은 준비하고 두드리는 사람에게만 열리기 마련입니다.

♥ 이유 없는 시련은 없다.

이유 없는 시련은 없습니다. 시련은 우리를 좌절하게 만들기 위한 것이 아니라 우리를 좀 더 강하게 만들기 위해 내가 넘어야 할 산과 같습니다.

♥ 길이 끝나는 곳에서 길은 다시 시작된다.

스티븐 호킹은 루게릭 병으로 혼자서 움직일 수 없는 장애를 만났을 때 위대한 과학자가 되었습니다. 하나의 길이 끝났다면 그것은 절망이 아니라 또 다른 길의 시작인 것입니다.

♥ 나만의 세계가 꿈으로 이어진다.

남보다 잘하는 사람이 아니라 남과 다른 세계를 가진 사람이 성공합니다. 머리 모양이나 옷차림 같은 외적인 독특함이 아니라 나만의 내적인 세계가 나의 꿈으로 이어질 수 있습니다.

♥ 숨겨진 나만의 '피터 래빗'를 찾아라.

비어트릭스 포터는 어릴 적부터 그리던 토끼 캐릭터 '피터 래빗'를 창조함으로써 세계적인 베스트셀러 그림책 작가가 되었습니다. 나의 피터 래빗은 어디에 숨어 있을까요? 자신만의 세계 속에서 내 꿈을 이루게 해 줄 '피터 래빗'을 찾아내세요.

♥ 당당히 실패하라. 성공은 실패 다음에 온다.

모든 성공은 숱한 실패 뒤에야 다가오는 것입니다. 성공한 사람들은 실패를 두려워하지 않고 오히려 당당히 실패 속에서도 미래의 가능성을 바라보았던 사람들입니다.

♥ 행운은 마지막 실패 뒤에 숨어 있다.

행운의 여신은 마지막을 좋아합니다. 계속되는 실패나 시행착오도 성공으로 가는 길 위에 놓여 있을 뿐입니다. 단, 당신이 마지막의 성공을 믿는다면 말입니다!

내 인생의 시나리오는 내가 만드는 것입니다. 슬픈 결말의 시나리오를 쓰느냐, 해피엔딩의 시나리오를 쓰느냐는 나의 선택에 달려 있습니다. 미래는 내가 마음에 창조한 그대로 현실이 되어 나타날 것입니다.

_ 1장 꿈의 비밀

엔리코 카루소 Enrico Caruso (1873~1921)

20세기 최고의 테너 가수. 이탈리아 나폴리에서 태어나 기계공으로 일하다가 미성을 인정받아 오페라 가수가 되었다. 미성과 정확한 기교 외에도 호감을 주는 자연스러운 유머를 겸비해 폭발적 인기를 누렸으며, 20세기 초의 오페라 황금시대를 구축했다. 건강이 악화되면서 고향인 나폴리에서 요양 생활을 하다가 세상을 떠났다.

조앤 K. 롤링 Joanne K. Rowling (1965~)

전 세계적인 베스트셀러 『해리 포터』 시리즈를
쓴 영국의 작가. 영국 웨일스의 작은 시골 마을
치핑 소드베리에서 태어났다. 엑세터 대학 불
문과를 졸업한 뒤 직장에서 해고를 당하고 결혼 생활도 순탄치 못
한 힘든 나날을 보냈다. 이혼 후 『해리 포터』를 어렵게 출간하였
고, 이 책은 곧 세계적인 베스트셀러가 되어 영화로도 제작되었다.

안데르센 Hans Christian Andersen (1805~1875)

덴마크의 동화 작가. 1835년의 작품 『즉흥시
인』으로 독일에서 호평을 받아 유럽 전역에 명
성을 떨치기 시작한다. 『인어공주』『미운 오리
새끼』 등 시대를 초월하는 어린이 문학의 걸작들을 남겼다. 생애
대부분을 세계 여행으로 보냈으며 당대의 시인, 문학가, 미술가,
정치인 등과 광범위하게 교제했다.

샘 월턴 Samuel Moore Walton (1918~1992)

세계적인 유통 기업 월마트를 설립한 미국의 기업인이다. 1962년 월마트 1호점 개점을 시작으로 1991년 미 소매업계를 평정하고 월마트를 세계적인 유통회사로 키웠다. 1998년 「타임」지 선정 '20세기의 가장 영향력 있는 인물 100인'에 뽑혔다.

_ 2장 목표의 비밀

콘래드 힐턴 Conrad N. Hilton (1887~1979)

'힐턴 호텔 그룹'을 만든 미국의 호텔 왕으로, 무려 250여 채의 호텔을 세웠다. 텍사스에서 모블리 호텔을 인수하는 데서 시작하여 다른 도시의 호텔들을 매입하면서 사업을 확장했다. 세계 대공황을 이겨내고 힐턴 호텔 사를 설립한 뒤 전 세계에 힐턴 호텔을 전파하며 활약했다.

앤 멀케이 | Ann M. Mulcahy (1952~)

세계적인 기업 제록스를 위기에서 구한 신화의 주인공. 1952년 미국에서 태어나 마라마운트 대학에서 영어와 저널리즘을 공부했다. 1976년 제록스에 판매사원으로 입사해 평생을 제록스에 몸담았으며, 1997년에 제록스 인사 부문 대표직을 맡았고 현재 제록스의 CEO 겸 회장이다.「포브스」지 선정 '세계에서 가장 영향력 있는 여성'에 뽑힌 바 있다.

보아 Boa (1986~)

일본, 중국 등에서 활동하는 한국의 가수. 2001년, 만 13세로 일본 대중 가요계에 데뷔하여 지금까지 최정상의 자리를 지키고 있다. 한국 대중문화 성공 코드의 대명사로 일컬어진다. 본명은 권보아. 노래, 춤뿐만 아니라 철저한 자기 관리와 성실하게 노력하는 자세로도 인정받는 스타이다.

바버라 매클린톡 Barbara McClintock (1902~1992)

유전자의 자리바꿈 현상을 발견해 현대 유전학의 기초를 마련한 여성 과학자. 대학원에 진학하여 연구한 지 한 달 만에 '옥수수 염색체 식별법'을 발견했다. 1951년 '이동성 유전자'에 대한 연구 결과를 발표했으나 당시에는 인정받지 못하다가 1983년 여성 단독으로는 최초로 노벨상을 받았다. '세포유전학'이라는 새로운 분야를 개척했으며 '유전학의 어머니'로 불린다.

_ 3장 열정의 비밀

마거릿 버크화이트 Margaret Bourke-White (1906~1971)

미국의 사진가. 「포천」지에 입사해 사진 실력을 드러내기 시작했고, 세계 최초로 스탈린을 촬영한 것이 특종이 되어 사진 기자로 이름을 알렸다. 또한 여성 최초로 종군 기자가 되어 한국전쟁의 실상을 세계에 알렸다. 그녀는 마흔다섯 살에 미국 여성 명예의 전당에 이름을 새겼다.

프리다 칼로 Frida Kahlo (1907~1954)

멕시코의 초현실주의 화가. 18세 때 교통사고로 척추 등 전신에 큰 부상을 입고 평생 후유증에 시달렸다. 수십 차례의 척추 수술과 다리 절단 수술까지 받았지만 평생 그림을 손에서 놓지 않았고 당대 파리의 세계적인 화가들에게 작품성을 인정받았다.

마쓰시타 고노스케 松下幸之介 (1894~1989)

세계적인 다국적 기업 마쓰시타의 창립자. 초등학교를 중퇴하고 마쓰시타 전기기구 제작소를 설립해, 자전거용 전지램프와 쌍소켓을 개발했다. 1952년 마쓰시타 전자공업을 정식으로 설립하고 현재의 마쓰시타 그룹으로 키워 냈다. 오늘날까지 '경영의 신'으로 불리며 일본 내 교육의 귀감이 될 정도로 존경받는 인물이다.

태평양과 대서양을 횡단한 노르웨이의 탐험가
이자 인류학자. 1947년 폴로네시아 문명이 페
루에서 건너간 것이라는 자신의 학설을 증명
하기 위해 직접 남태평양 횡단에 도전해서 성공했다. 그 뒤 대서
양과 인도양 등을 항해하는 등 평생 동안 문명의 전파 경로를 추
적했다. 그의 업적은 그가 탄 뗏목 콘티키 호와 함께 노르웨이의
콘티키 박물관에 남아 있다.

__ 4장 사랑의 비밀

인도의 민족 운동 지도자이자 인도 독립의 아
버지이다. 남아프리카에서 인종 차별에 투쟁
하기 시작해 인도 독립을 위해 평생 헌신했다.
영국에 대한 비폭력 저항으로 독립 운동을 이끌었고 독립 후까
지 종교 간의 융화를 위해 활동하다가 극우파 청년의 총에 맞아

사망했다. 비폭력을 몸소 실천해 보인 위대한 영혼으로 불린다.

멜린다 게이츠 Melinda Gates (1964~)

세계적인 부호 마이크로소프트 사의 회장 빌 게이츠의 아내이자 세계적인 자선 사업가. 1994년 빌과 결혼해 아이를 낳으면서 근무하던 마이크로소프트 사를 퇴사했고, '빌 앤드 멜린다 게이츠 재단'을 설립한 뒤 세계적인 자선 사업 활동을 펼치면서 막강한 영향력을 행사하고 있다.

진수 테리 Jinsoo Terry (1956~)

펀 경영으로 유명한 재미 교포 기업인이자 경영 컨설턴트. 성공을 위해 미국으로 건너가 7년 동안 열심히 일하던 회사에서 해고를 당한 다음, 변신을 꾀하여 여성 사업가로 성공했다. 성공을 위해 자신감과 유머를 지녀야 한다고 주장한다. 미국 상무부 차관 국제무역공

로상, 미국 상무국 주최 소수자 대변인 서부 지역 9주 대표 대상
등을 받았고 샌프란시스코는 7월 10일을 '진수 테리의 날'로 선
포했다.

가브리엘 샤넬 Gabriell Chanel (1883~1971)

사생아로 태어나 고아원에서 유년 시절을 보
냈다. 가난한 환경을 극복하고 독창적인 패션
감각으로 여성들은 직업조차 갖기 힘들던 시
대에 세계적 디자이너로 성공한다. 그녀는 코르셋으로 몸을 옥
죄던 당시 패션에서 여성들을 해방시켰고 모던한 현대 패션의
새 시대를 열었다.

아널드 슈워제네거 Arnold Alois Schwarzenegger (1947~)

유럽 출신의 미국 영화배우로, 현재 미국 캘리포니아 주지사이다. 보디빌더를 하다가 영화배우가 되었고 영화「터미네이터」를 계기로 최고의 스타 자리에 올랐다. 방송인이자 케네디 가의 여성인 마리아 슈라이버와 결혼하여 명문가의 사위가 되었고, 2003년 선거에 출마해 캘리포니아 주지사로 당선되었다.

스티븐 호킹 Stephen William Hawking (1942~)

블랙홀 증발, 양자우주론 등 현대 물리학의 이론을 제시한 영국의 물리학자이다. 20대 초반에 근육이 마비되어 사망에 이르는 불치의 루게릭 병 진단을 받았으나 불굴의 의지로 물리학 연구에 몰두하여 블랙홀 이론을 발표함으로써 세계적인 명성을 얻었다. 젊은 나이에 케임브리지 대학 루카시언 교수, 영국 왕립학회 회원이 되었으며 장애를 극복한 위대한 과학자로서 존경받고 있다.

비어트릭스 포터 Beatrix Potter (1866~1943)

세계적으로 유명한 『피터 래빗 이야기』의 저자. 직접 그림을 그리고 이야기를 짓는 작가였다. 영국의 부유한 상류층에서 태어나 어려서부터 자연과 동물에 관심을 기울였고, 자연에서 영감을 받아 다양한 동물 캐릭터를 창조해 세계적인 베스트셀러 작가가 되었다. 말년에는 재산을 자연 보호 단체에 기부하고 환경 보호를 위해 봉사했다.

월트 디즈니 Walt Disney (1901~1966)

세계적인 엔터테인먼트 기업 디즈니 사의 설립자이자 디즈니랜드 설립자. 가난한 목수의 아들로 태어나 그림을 그렸으나 인정받지 못했고, 사업을 시작하고도 여러 번 실패를 겪어야 했다. '미키 마우스'라는 캐릭터를 창조함으로써 성공한 기업인이 되었고, 어린이들에게 꿈을 전한다는 이상을 실현하기 위해 디즈니랜드를 설립했다. 그러나 완공을 보지 못하고 폐암으로 사망했다.

청소년을 위한 시크릿

펴낸날	초판 1쇄 2008년 6월 9일
	초판 22쇄 2020년 2월 10일

지은이	박은몽
펴낸이	심만수
펴낸곳	(주)살림출판사
출판등록	1989년 11월 1일 제9-210호

주소	경기도 파주시 광인사길 30
전화	031-955-1350　팩스 031-624-1356
홈페이지	http://www.sallimbooks.com
이메일	book@sallimbooks.com

ISBN 978-89-522-0919-1　03320

살림Friends는 (주)살림출판사의 청소년 브랜드입니다.